Karin Roser

Nähen lernen
im Handumdrehen

Weltbild

Vorwort

Mit den Händen etwas zu gestalten und seiner Kreativität Ausdruck zu verleihen ist ein Urbedürfnis des Menschen. Im Vordergrund steht nicht in erster Linie das Ergebnis, sondern das eigentliche Tun, das Erfinden. Das Nähen ist dabei eine der interessantesten Ausdrucksformen überhaupt.

Im Gegensatz zu ihren Vorgängerinnen, die um 1800 noch von Hand betrieben wurden und nur einfachste Näharbeiten ausführen konnten, bieten moderne Nähmaschinen großen Komfort und noch mehr Potenzial für eigene Ideen.

Eine bunte Welt voller Stoffe, Bänder, Garne und Knöpfe wartet darauf, erkundet und zusammengefügt zu werden. Ständig gibt es neue Materialien zu entdecken, die uns oft schon beim Anblick faszinieren – häufig fehlt aber das Know-how: Wie werden all diese Dinge verarbeitet?

Hier will dieses Buch weiterhelfen! Zu Beginn werden die wichtigsten Begriffe, Techniken und nützliche Utensilien erklärt. Detaillierte Schritt-für-Schritt-Anleitungen mit zahlreichen Bildern zeigen dann, wie einfach Nähen ist. Egal, ob kleine Ideen wie Serviettenringe und Haarspange oder etwas aufwändigere Projekte wie Handtasche und Utensilo – für diese Anregungen brauchen Sie keine spezielle Ausbildung, nur Spaß am Nähen.

Dieser Nähkurs will nicht Perfektion lehren, sondern zum Ausprobieren und Fortsetzen anregen. Greifen Sie zu Stoff und Faden und kreieren Sie selbst individuelle Accessoires, Sie werden lange Freude daran haben!

Ihre

Karin Roser

Nähmaschine, Werkzeug und Materialien

Vor dem Nähen ist es wichtig, sich mit der Nähmaschine und ihrem Zubehör vertraut zu machen. Wichtige Utensilien und Materialien werden in diesem Kapitel ebenfalls vorgestellt.

Die Nähmaschine

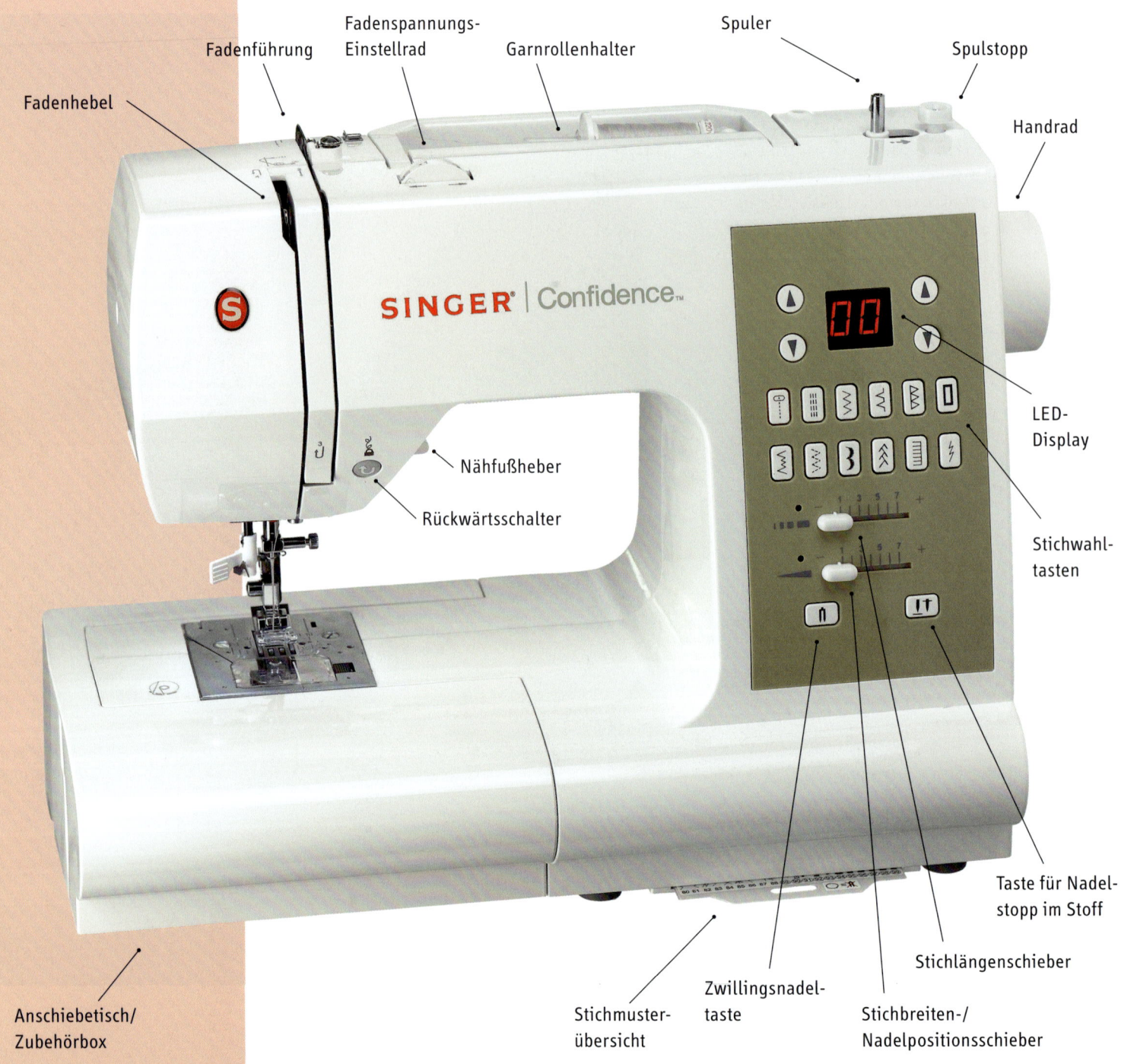

Fadenhebel

Fadenführung

Fadenspannungs-Einstellrad

Garnrollenhalter

Spuler

Spulstopp

Handrad

Nähfußheber

Rückwärtsschalter

LED-Display

Stichwahl-tasten

Taste für Nadel-stopp im Stoff

Stichlängenschieber

Stichbreiten-/Nadelpositionsschieber

Zwillingsnadel-taste

Stichmuster-übersicht

Anschiebetisch/Zubehörbox

Nähmaschinen werden, abhängig von ihrer Leistung, in verschiedene Kategorien eingeteilt. Es gibt eine große Bandbreite verschiedener Maschinen für die unterschiedlichsten Bedürfnisse, angefangen bei der einfachen Nähmaschine mit Nutz- und Zickzackstich bis hin zur computergesteuerten Maschine mit einer riesigen Auswahl an Sticharten für kompliziertere Arbeiten. Im Prinzip sind die wichtigsten Teile einer Nähmaschine bei allen Typen gleich, es kann jedoch je nach Fabrikat, Modell und Preisklasse Unterschiede im Aufbau geben.

Moderne Maschinen bieten oft praktische Extras, mit denen sich vieles bequemer nähen lässt. Für manche Nähmaschinen gibt es z. B. einen Kniehebel zum Bewegen des Nähfußes – so bleiben die Hände zum Führen des Stoffes frei. Zum Nähen von Kinderbekleidung und Röhrenformen, wie z. B. Ärmeln oder Hosenbeinen, ist ein Freiarm sehr wichtig. Für viele Näharbeiten, wie das Applizieren, ist außerdem der wählbare Nadelstopp im Stoff vorteilhaft. Die hier abgebildete Nähmaschine zeigt die wichtigsten Funktionsteile. Bei anderen Fabrikaten können abweichende Teile auftreten, das Aussehen des Zubehörs kann variieren oder Teile können mit anderen Begriffen bezeichnet sein. Genaue Informationen zu jeder einzelnen Maschine finden sich in der zugehörigen Bedienungsanleitung.

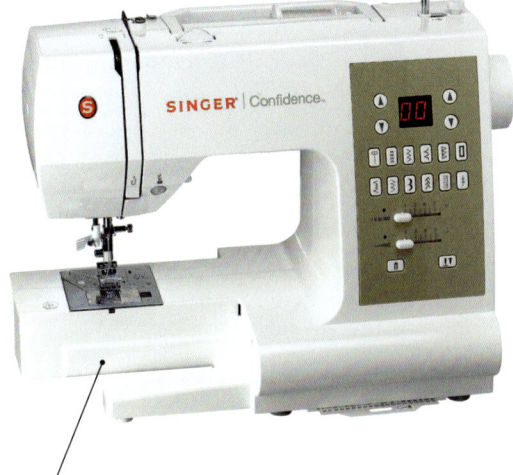

Freiarm

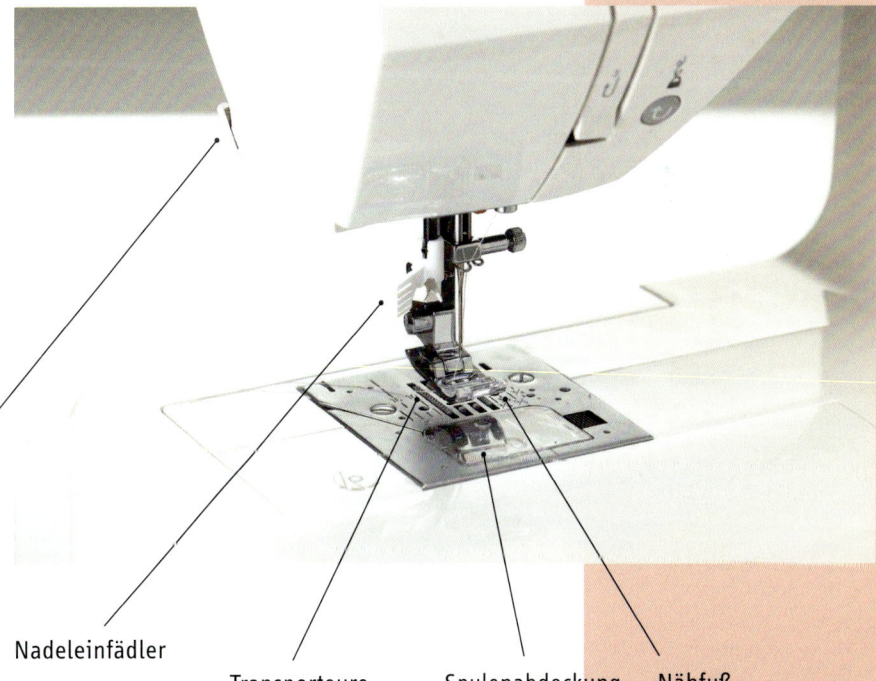

Fadenabschneider

Nadeleinfädler

Transporteure   Spulenabdeckung   Nähfuß

Nähmaschinennadeln

Tipp
Zum Austauschen der Nähmaschinennadel den Nähfuß senken und die Nadel in ihre höchste Stellung bringen. Ein Stoffstück unter dem Nähfuß verhindert, dass die Nadel versehentlich in das Stichplattenloch fällt.

Im Laufe der Zeit nutzt sich eine Nadel beim Nähen ab, deshalb sollte sie regelmäßig ausgetauscht werden – nur eine einwandfreie Spitze führt saubere Stiche aus. Beim Kauf von Nadeln sollte darauf geachtet werden, dass sie dem Nadelsystem der Maschine entsprechen. Für Haushaltsnähmaschinen werden normalerweise so genannte Flachkolbennadeln verwendet. Dieses Nadelsystem trägt die Bezeichnung 130/705. Auf dem abgeflachten Kolben ist die jeweilige Nadelstärke angegeben, die von sehr fein bis sehr dick reichen kann: Die Stärken 60, 70 und 75 werden für leichte Stoffqualitäten verwendet, 80 und 90 für mittlere Qualitäten und 100, 110 und 120 für schwere Qualitäten. Generell gilt, je feiner der Stoff, umso feiner sollte auch die Nadel sein. Bei der Wahl der richtigen Nadel spielt neben der Stärke aber auch die Spitze eine

wichtige Rolle, denn unterschiedliche Stoffarten erfordern verschiedene Spitzenformen. Diese werden je nach Hersteller durch Buchstaben oder Farbmarkierungen am Schaft gekennzeichnet. So stehen z. B. „S" und „J" als Systemzusatzbezeichnung für Stretch und Jeans. Noch einige weitere Faktoren können die Entscheidung für eine bestimmte Nadel beeinflussen: Bei Verwendung eines dicken Garns, wie Knopfloch- oder Stickgarn, muss die Nadel ein größeres Öhr besitzen. Zwillingsnadeln können nur bei Zickzack-Maschinen mit quer stehendem Greifer eingesetzt werden, zudem sind zwei Oberfadengarnrollen erforderlich. Die Verwendung der richtigen Nadel ist für das Gelingen einer Näharbeit maßgeblich. Daher ist es sinnvoll, sich ein kleines Nadelsortiment für die gängigsten Näharbeiten zuzulegen.

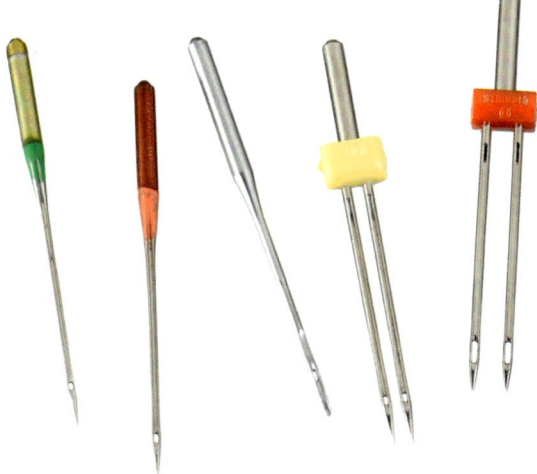

Übersicht Nähnadeln

Stärken

60, 70, 75	Leichte Stoffqualitäten, z. B. Feinjersey, Kunstseide
80, 90	Mittlere Stoffqualitäten, z. B. Strickstoff, Leinen, Jeans
100, 110, 120	Schwere Stoffqualitäten, z. B. Tweed-Wollstoff, Webpelz

Nadelarten

Universalnadel mit normaler Spitze für nahezu alle gewebten Natur- und Synthetikstoffe
Kugelspitznadel mit runder Spitze für grobe Strickwaren und Gardinen
Stretchnadel mit abgerundeter Spitze für hochelastische Stoffe wie Fein- oder Seidenjersey
Jeansnadel mit extrem schlanker Spitze für Denim, mittelschwere Stoffe oder Wachstuch
Ledernadel mit geschliffener Dreikantspitze für Leder und Kunstleder
Mikrofasernadel mit besonders schlanker Spitze für superfeine Stoffe wie Mikrofasergewebe und Seide
Metallicnadel mit speziell konstruierter Spitze zum Sticken mit Metallicgarn
Zwillingsnadel mit normaler oder abgerundeter Spitze für ein- und zweifarbige Ziernähte

Neben dem Oberfaden benötigt man zum Nähen auch einen Unterfaden. Dieser wird auf Spulen aufgewickelt und anschließend in ein Gehäuse unterhalb des Nähfußes eingesetzt. Im Zubehör einer Nähmaschine sind meist einige Ersatzspulen aus Metall oder Kunststoff enthalten. Es ist sehr nützlich, mehrere Spulen zu besitzen, damit häufig verwendete Garnfarben immer sofort gebrauchsbereit zur Verfügung stehen. Auf diese Weise kann zeitaufwändiges Auf- und Abwickeln verschiedener Farben auf eine Spule vermieden werden.

In der Bedienungsanleitung jeder Nähmaschine kann nachgelesen werden, wie beim jeweiligen Modell die Spulen aufgewickelt und in das Spulengehäuse der Maschine eingesetzt werden. Der Unterfaden sollte gleichmäßig und nicht mit höchster Geschwindigkeit aufgespult werden. Sollten beim Kauf einer Maschine keine zusätzlichen Spulen enthalten sein, können diese auch nachgekauft werden. Hierbei auf die Spulengröße achten, da sie je nach Hersteller variieren kann.

Tipp

Bei gelochten Spulen können Sie den Faden von innen nach außen durch eines der Löcher nach oben führen, bevor die Spule auf den Spuler gesetzt wird. Halten Sie den Fadenanfang fest und schneiden Sie ihn nach dem Spulen ab. Auf diese Weise kann er sich beim Nähen nicht im Stich verfangen.

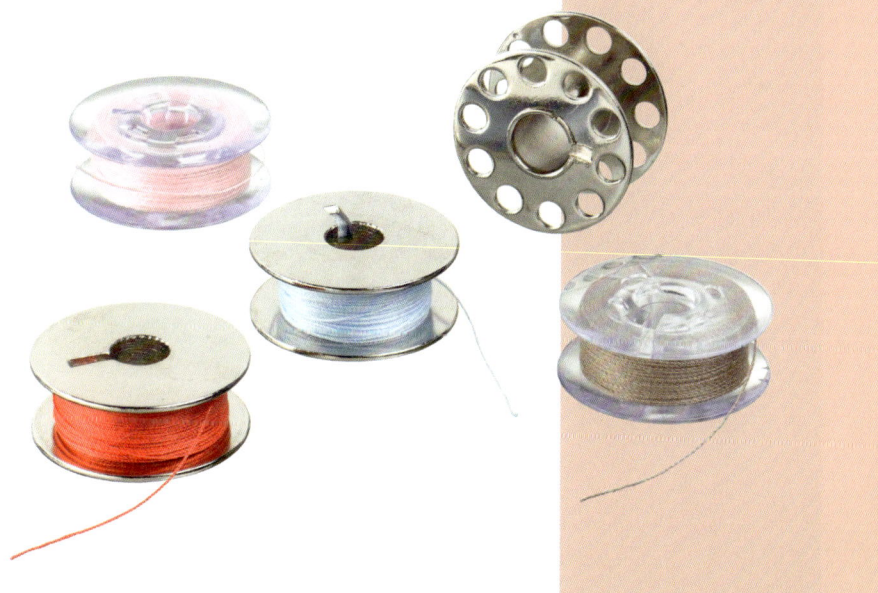

Nähmaschinenfüße

Der Nähfuß übt von oben Druck auf den Stoff aus und sorgt so dafür, dass dieser vom Transporteur während des Nähens gleichmäßig weiter geschoben werden kann. Neben dem Standardnähfuß, auch Normal- oder Allzwecknähfuß genannt, der im Zubehör jeder Nähmaschine enthalten ist, sind meist noch drei bis vier andere Nähmaschinenfüße beigelegt. Bei einigen Modellen findet sich auch ein Führungslineal, welches an der Nähfußhaltestange befestigt werden kann und hilft, die Breite einer Nahtzugabe exakt einzuhalten. Die verschiedenen Nähfüße ermöglichen die unterschiedlichsten Verarbeitungstechniken. Neben den mitgelieferten Füßen gibt es für die meisten Maschinen ein vielseitiges Sortiment als Sonderzubehör zu kaufen.

Standardnähfuß
Der normale Fuß für Geradstich- und Zickzacknähte wird am häufigsten gebraucht.

Einschritt-Knopflochfuß
Vereinfacht das Anfertigen von Knopflöchern. Der Knopf wird eingelegt und ein passendes Knopfloch kann automatisch in einem Schritt genäht werden.

Blindstichfuß
Wenn ein Saum unauffällig bzw. nicht sichtbar sein soll, dient der Blindstichfuß zur Stoffführung.

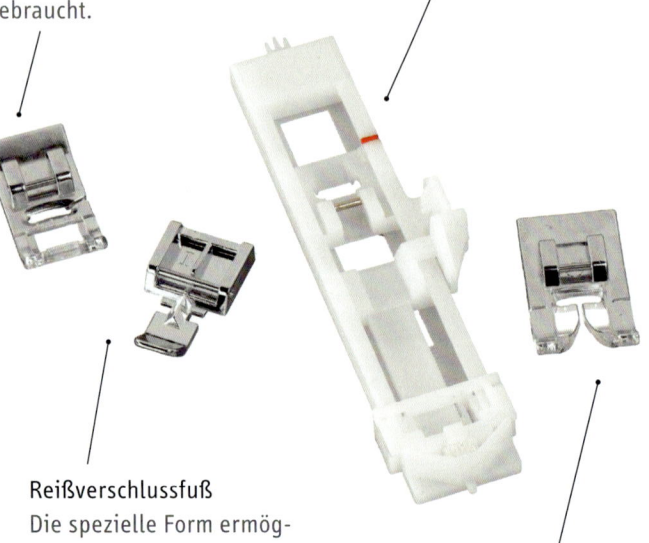
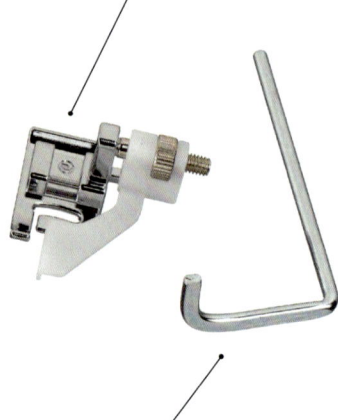

Reißverschlussfuß
Die spezielle Form ermöglicht das dichte Entlangsteppen rechts und links der Reißverschlusszähnchen oder entlang einer Paspelkante.

Stickfuß
Für Ziernähte und kleinere Stickereien wird der Stickfuß eingesetzt. Er ist teilweise aus Plexiglas und sorgt so für bessere Sicht auf die Stiche.

Führungslineal
Das Lineal ist hilfreich für gerades Nähen, Einhalten der exakten Naht- bzw. Saumzugabe und für gleichmäßige Abstände bei parallelen Stepp- und Ziernähten.

Gebräuchliche Maschinenstiche

Gerad-/Steppstich (a) Der Gerad- bzw. Steppstich ist der am häufigsten gebrauchte Stich zum Nähen von normalen Nähten. Er wird auch für Abstepp-nähte auf der rechten, also der später sichtbaren Seite eingesetzt. Mit der größten Stichlänge werden in diesem Stich auch Stoffe z. B. für Rüschen gekräuselt oder zur vorübergehenden Fixierung aufeinander geheftet.

Zickzackstich (b) Mit dem Zickzackstich werden die Schnittkanten eines Stoffes umnäht, damit sie nicht ausfransen können. Durch variable Stichlänge und -breite funktioniert dieses so genannte Versäubern bei fast allen Stoffen problemlos. Dieser Stich ist außerdem wichtig zum Applizieren von Motiven, Nähen von Knopflöchern, Annähen von Knöpfen und für Verzierungen. Wird der Zickzackstich zum Steppen von elastischen Nähten bei dehnbaren Stoffen eingesetzt, muss die Stichbreite sehr schmal eingestellt werden.

Geschlossener Overlockstich (c) Der Overlockstich näht und versäubert in einem Arbeitsgang, da Stepp- und Zickzackstich kombiniert werden – ideal für Web- und Strickstoffe.

Elastikstich (d) Der Elastikstich ist stärker als der normale Zickzackstich, da er den Stoff mit jeweils drei Stichen verbindet. Er eignet sich für dekorative Muster, zum Aufnähen von Gummiband, Stopfen von Rissen, Aufsetzen von Flicken und Versäubern der meisten – vor allem dehnbarer – Stoffe.

Einfacher Blindstich (e) Mit dem einfachen Blindstich werden hauptsächlich Saumabschlüsse bei normalen, festen Stoffen genäht. Dieser Stich ist auf der rechten Seite nicht sichtbar.

Elastischer Blindstich (f) Zum Säumen von dehnbaren und feinen Stoffen wird der elastische Blindstich verwendet. Die Stiche sind auf der rechten Seite nicht sichtbar.

Zierstiche (g-j) Zierstiche sind vielseitig anwendbar. Sie setzen dekorative Akzente oder dienen zum Aufnähen von Bändern und Applikationen. Durch Kombination und Variation der unterschiedlichen Stiche entstehen noch weitere neue Muster Moderne Nähmaschinen können zum Teil komplizierte und auch große Motive sticken.

a
b
c
d
e
f
g
h
i
j

Unentbehrliche Helfer

Tipp
Die auf den folgenden zwei Doppelseiten vorgestellten Werkzeuge werden Sie beim Nähen immer wieder brauchen. Sie sollten sie sich daher auf jeden Fall nach und nach zulegen. Darüber hinaus gibt es weitere Utensilien, die nicht unbedingt notwendig, aber häufig sehr nützlich sind.

Mit dem richtigen Werkzeug macht das Nähen noch mehr Spaß. Nadeln, Scheren, Messwerkzeuge und Markierhilfen gibt es in großer Auswahl. Ob bestimmte Utensilien im Gebrauch handlich und vorteilhaft erscheinen, hängt von der individuellen Arbeitsweise jedes Einzelnen ab. Durch Ausprobieren können die passenden Werkzeuge für die eigenen Bedürfnisse am besten zusammengestellt werden. Mit einem gut ausgestatteten Nähkasten näht es sich auf jeden Fall schneller und effektiver. Kleines Nähzubehör wie Garne, Nadeln, Bänder und Verschlüsse fasst man im Fachhandel unter dem Begriff „Kurzwaren" zusammen.

Steck- und Handnähnadeln

Stecknadeln Stecknadeln gibt es in verschiedenen Stärken und Längen. Dünne Nadeln mit flachem Stahlkopf eignen sich für feine Stoffe. Für locker gewebte, dickere und flauschige Stoffe sind Stecknadeln mit runden Köpfen praktischer, da sie griffiger und besser zu sehen sind. Für sehr dicke Stoffe gibt es die so genannten langen Schwesternnadeln. Stecknadeln sollten aus rostfreiem Edelstahl oder Messing und die runden Köpfe möglichst aus Glas bestehen. Köpfe aus Plastik können eventuell beim Überbügeln schmelzen.

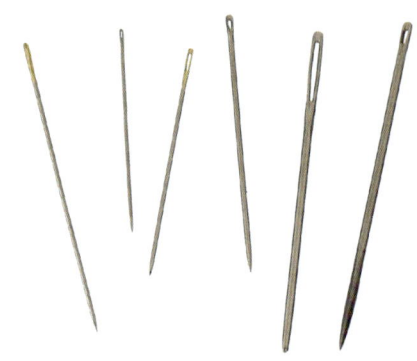

Handnähnadeln Da je nach Stoffart und Nähtechnik eine andere Nadel benötigt wird ist es nützlich, sich ein kleines Sortiment an Handnähnadeln in verschiedenen Stärken und Längen und mit verschiedenen Spitzen zuzulegen. Für kleine Stiche ist eine kurze Nadel praktisch, für große Stiche eine lange Nadel. Auch hier gilt: Je feiner der Stoff, desto dünner sollte die Nadel sein. Stopf- und Sticknadeln haben ein größeres Öhr, damit auch dickes Garn eingefädelt werden kann.

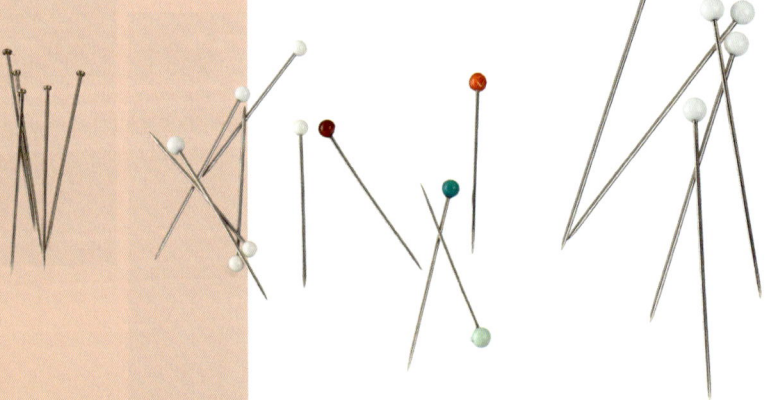

Stickschere Praktisch zum Abschneiden von Fäden und für feine Arbeiten wie das Einknipsen der Nahtzugaben an Stoffteilen.

Zackenschere Zum Beschneiden der Kanten von wenig ausfransenden Stoffen – dadurch spart man sich das Versäubern mit der Nähmaschine. Sie kann auch für wirkungsvolle Zierränder bei nicht gewebten Materialien wie Filz, Wachstuch und Leder eingesetzt werden.

Nahttrenner Wird auch Pfeil- oder Fadentrenner genannt. Er erleichtert das Auftrennen von Nähten und das Aufschneiden von Knopflöchern. Auch der Stoff unter dem Nähfüßchen kann damit zurecht gerückt werden.

Zuschneide-/Schneiderschere Die asymmetrische Scherentorm ermöglicht eine exaktere Schnittkante, weil das untere Blatt beim Schneiden flach auf dem Tisch aufliegt und so der Stoff wenig angehoben werden muss. Die Schere darf nicht für Papier oder andere Materialien verwendet werden, da sie sonst stumpf wird.

Papierschere Zum Ausschneiden der Schnitte aus Papier.

Messwerkzeuge

Tipp

Das genaue Einhalten von Maßen ist für ein gelungenes und sauber verarbeitetes Modell unerlässlich. Diese praktischen Messwerkzeuge helfen Ihnen dabei.

Maßband Zum Ausmessen von langen Abständen ist ein Maßband (Länge 1,50 m) wichtig – es sollte flexibel, jedoch keinesfalls dehnbar sein.

Kurvenlineal Das biegbare Lineal (Länge ca. 50 cm) erleichtert das Übertragen von runden und geschwungenen Formen und kann auch zum Aufzeichnen von Nahtzugaben verwendet werden.

Handmaß Praktisch zum Abmessen kurzer Abstände, für Knopflochmarkierungen und zum Einzeichnen von Nahtzugaben.

Nähmaß Mithilfe des Schiebers lassen sich die Maße beliebig einstellen. Kreise, Nahtzugaben und Knopflochabstände sind so schnell und leicht einzuzeichnen. Ideal auch zum Ausmessen von Faltentiefen.

Kopier- und Markierhilfen

Mit Kreide, Schneiderkopierpapier und Kopierrädchen werden Schnitte und Schnittzeichen auf den Stoff übertragen. Spezielle Trickmarker ergänzen die Ausstattung. Verschiedene Farbtöne ermöglichen das Einzeichnen sowohl auf hellen als auch auf dunklen Stoffen.

Trickmarker Die Farbe verschwindet nach kurzer Zeit von allein, die Dauer hängt von der Stoffart ab. Die Markierung kann auch sofort ausgewaschen werden.

Schneiderkopierpapier und Kopierrädchen
Beim Rädeln liegt das Kopierpapier unter dem Stoff. Mit dem Kopierrädchen wird durch leichtes Durchdrücken der Zähnchen Farbe vom Kopierpapier auf den Stoff übertragen. Für elastische Stoffe besser ein Kopierrädchen mit glattem Rad oder Plastikzähnchen verwenden, damit der Stoff nicht beschädigt wird.

Tipp
Markierungen sollen später am fertigen Modell nicht mehr zu sehen sein. Testen Sie daher zuerst auf einem Probestück Ihres Stoffes, ob sich die Markierungen gut wieder entfernen lassen.

Aqua-Trickmarker Die Farbe ist mit etwas klarem Wasser entfernbar.

Minenstift Ideal für extrafeine Linien (0,9 mm). Die Markierungen können mit dem integrierten Radiergummi gelöscht oder vollständig ausgewaschen werden.

Schneiderkreide/Kreidestift Weiße Kreide lässt sich leicht entfernen, farbige Kreide kann dagegen je nach Stoff etwas hartnäckiger sein. Kreidestifte sind vorteilhaft, weil sie einfacher anzuspitzen sind und ein Bürstchen zum Beseitigen der Farbe aufgesteckt ist. Bei der Schneiderkreide lassen sich stumpf gewordene Kanten mit einem Messer oder feinem Schleifpapier schärfen. Selbstlöschende Zauberkreide oder Sublimierkreide verschwindet nach einigen Tagen von selbst oder sofort beim Bügeln.

Bügelmuster-Transferstift Der Stift überträgt Stickmotive mittels Transparentpapier und Bügeleisen, die Farbe ist bei Leinen und Baumwolle auswaschbar.

Nützliche Utensilien

Nadeleinfädler Zum Einfädeln des Fadens bei Maschinen- und Handnähnadeln ist ein Nadeleinfädler hilfreich. Einfach die Drahtschlinge durch das Öhr schieben, Faden durch die Schlinge fädeln und den Einfädler durch das Öhr zurück ziehen.

Rollschneider Mit dem Rollschneider, der in verschiedenen Größen erhältlich ist, werden Stoffe schnell und exakt zugeschnitten – sehr praktisch für Streifen und geometrische Formen. Um die Tischplatte zu schützen eine spezielle Schneidematte unterlegen.

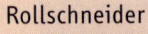

Durchziehnadel, Sicherheitsnadel Dienen zum Einziehen von Gummiband oder Kordeln. Die abgerundete Spitze der Durchziehnadel eignet sich auch zum Ausformen genähter Ecken.

Fingerhut Beim Nähen mit der Hand schützt ein Fingerhut den Mittelfinger, z. B. wenn eine Nähnadel mit viel Kraft durch dicken Stoff geschoben werden muss. Fingerhüte gibt es in verschiedenen Größen. Offene Hüte, so genannte Fingerringe, sind luftdurchlässig und daher oft angenehmer.

Ecken- und Kantenformer Zum Ausformen von verstürzten Ecken verwendet man das spitze Ende, für Rundungen und Nahtränder das abgerundete Ende.

Wende-Set/Wendenadel Eine Wendenadel erleichtert das Verstürzen von schmalen Stoffstreifen wie Gürteln, Taschenhenkeln oder Trägern.

Nadelkissen Ein Nadelkissen dient zur stets griffbereiten Aufbewahrung von Nadeln. Ein Magnet-Nadelkissen hat den Vorteil, dass auch andere metallische Gegenstände wie Nahttrenner, Sicherheitsnadeln und kleine Scheren haften bleiben. Es sollte jedoch nicht in direkter Nähe einer computergesteuerten Nähmaschine liegen.

Textilkleber Aqua-Fixiermarker und Textil-Klebestift ermöglichen das Fixieren von Stoffen, Borten, Applikationen, Reißverschlüssen u. ä. ohne Nadel und Faden. Beim Fixiermarker ist der Kleberauftrag durch gelbe Farbe sichtbar, die beim Trocknen verschwindet. Beide Kleber sind auswaschbar und hinterlassen keine Rückstände.

Verschlüsse

Die Verschlüsse für eine Näharbeit sollten mit viel Sorgfalt ausgewählt werden. Sie können unauffällig Ton-in-Ton nur zum Schließen dienen oder in einer Kontrastfarbe dekorative Akzente setzen. Häufig erhalten selbstgenähte Modelle durch außergewöhnliche Accessoires den letzten Schliff.

Reißverschlüsse gibt es in verschiedenen Längen, Farben und Stärken. Sie sind mit einer Kunststoffspirale oder mit Metall- oder Kunststoffzähnchen versehen. Das Band besteht aus Baumwolle, Baumwollgemisch oder Polyester und sollte der Stoffstärke sowie den Pflegeeigenschaften des Nähobjekts angepasst sein. Teilbare und Zweiwege-Reißverschlüsse werden eingesetzt, wenn eine durchgehende Öffnung, wie z. B. an Jacken, notwendig ist, nicht teilbare z. B. an Kissen oder Taschen. Bei nahtverdeckten Reißverschlüssen ist die Einsteppnaht von der rechten Stoffseite nicht sichtbar. Sie sind eine elegante Möglichkeit um Schlitze unauffällig zu schließen.

Knöpfe sollten für den Verwendungszweck praktisch sein und ebenfalls den Pflegeeigenschaften des Stoffes entsprechen. Es gibt Stegknöpfe mit kleiner Öse auf der Rückseite und Durchnähknöpfe mit zwei oder vier Löchern. Auch Druckknöpfe gibt es zum Annähen, wahlweise aus Metall oder Kunststoff.

Nähfreie Verschlüsse sind Druckknöpfe, Ösen und Nieten. Wenn solche Verschlüsse öfter verarbeitet werden, lohnt sich die Anschaffung einer Vario-Zange. Magnetverschlüsse eignen sich bestens für Handtaschen, Beutel und Rucksäcke. Die Stoffrückseite vor Anbringen des Verschlusses mit Fixier-Stickvlies oder Bügeleinlage verstärken, damit er später nicht durch häufiges Öffnen einreißt.

Klettband gibt es in verschiedenen Farben und Breiten, selbstklebend oder zum Annähen. Dieser Verschluss besteht aus einem Flausch- und einem Häkchenstreifen, die beim Zusammendrücken aneinander haften bleiben.

Metallhaken und passende Metallösen können so angenäht werden, dass sie von der rechten Seite nicht sichtbar sind.

Tipp

Originell für alle Heimtextilien: Wäscheknöpfe aus Leinen können je nach Farbwunsch individuell eingefärbt werden. Mit Stoff-Malstiften lassen sich auch kleine Muster flink in den gewünschten Farbtönen aufmalen.

Tipp

Sammeln und recyceln Sie Knöpfe, das macht Spaß und spart Geld. Bevor alte Kleidungsstücke aussortiert werden, einfach alle Knöpfe abtrennen. Zur besseren Übersicht gleiche Knöpfe immer auf einen Faden fädeln und in einer Dose oder Schachtel aufbewahren.

Stoffbezogene Knöpfe

Tipp

So werden aus Knöpfen kleine Kunstwerke: Verzieren Sie die Stoffmitte vor dem Beziehen mit kleinen Rocailles, Pailletten oder Strasssteinchen. Sehr dekorativ wirken auch kleine Stickereien, die besonders schnell mit einem Maschinenzierstich gelingen.

Wenn sich im Kurzwarenangebot mal keine passenden Verschlüsse finden, können individuelle Knöpfe mit wenig Aufwand selbst hergestellt werden. Sie können mit Stoff, Bändern und anderen formbaren Materialien bezogen werden. So genannte Grundknöpfe gibt es in verschiedenen Größen aus Messing oder Kunststoff. Sehr einfach gelingt das Beziehen mit im Fachhandel erhältlichen Fertigpackungen, denen zusätzlich zwei Plastik-Werkzeugteile beigefügt sind.

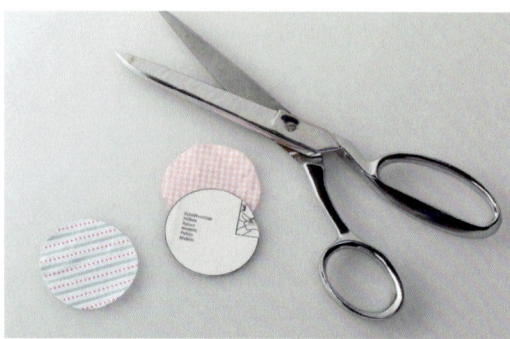

1 Die Schnittvorlage aus der Packungsrückseite ausschneiden. Den Umriss mit einem Stift auf die linke Stoffseite übertragen und den Stoff entsprechend zuschneiden.

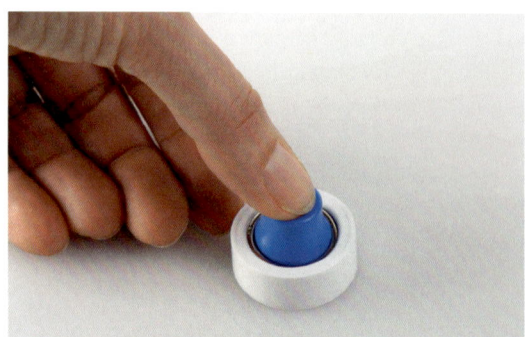

3 Die Knopfrückseite auflegen, so dass der Schriftzug PR lesbar nach oben zeigt, und mit der blauen Plastikkappe fest andrücken, bis sie einrastet.

2 Das Stoffteil mit der rechten Seite nach unten auf die weiße Plastikform legen. Den Knopf mit der gewölbten Seite nach unten in die Öffnung drücken. Überstehende Stoffkanten nach innen legen und falls nötig mithilfe einer Nadel an den Zacken befestigen.

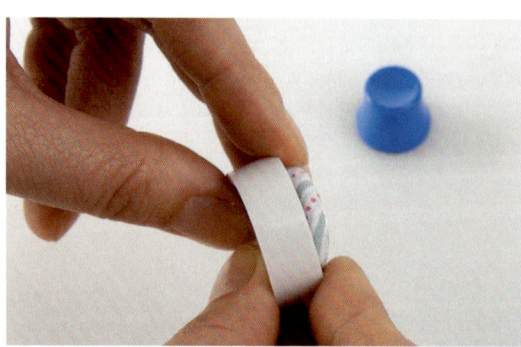

4 Zuletzt den fertigen Knopf von unten aus der Form herausschieben.

Bänder und Borten

Wer funktionales Nähen mit Kreativität verbinden möchte, findet im Bänder- und Bortenangebot eine inspirierende Vielfalt. So eignen sich Zackenlitzen, Pomponborten, Schrägband und Spitze sowohl zum Annähen an Stoffkanten als auch zum dekorativen Aufnähen. Paspeln werden zur Kantenverzierung, z. B. bei Kissen, zwischen den Stofflagen mit eingenäht.

bedrucktes Dekoband

Samtband

breite Zackenlitze

Klöppelspitze

Webband

Paspelband

gefalztes Schrägband

schmale Zackenlitze

Klöppelspitze

Webband

gefalztes Schrägband

Blümchenborte

Pomponborte

Kleine Stoffkunde

Im Handel werden Stoffe in verschiedenen Breiten angeboten, überwiegend zwischen 90 cm und 150 cm. Stoffe bis 100 cm werden als einfach breit, solche zwischen 100 cm und 160 cm als doppelt breit bezeichnet. Die Länge wird individuell je nach Bedarf im Geschäft zugeschnitten.

Die unterschiedlichen Stoffe haben jeweils einen eigenen Charakter und besondere Qualitätsmerkmale. Wofür ein Stoff sich eignet und wie er am besten gepflegt wird hängt von den verwendeten Fasern ab. Einige Materialien erfordern sogar besondere Verarbeitungstechniken. Für ein perfektes Nähergebnis sind daher Kenntnisse der wichtigsten natürlichen und chemischen bzw. synthetischen Fasern sowie deren Eigenschaften unerlässlich. Beim Stoffkauf können die verwendeten Fasern dem Etikett auf dem Stoffballen entnommen werden. Bei Mischgewebe sind sie in der Reihenfolge des enthaltenen Anteils aufgeführt. Baumwollstoffe lassen sich besonders gut verarbeiten, da sie problemlos für den Zuschnitt markiert werden können, leicht zu pflegen sind und ihre Kanten wenig ausfransen.

Tipp

Mit Wachstuch, Filz, Filzstoff und Walkloden lassen sich schnell schöne Modelle anfertigen. Diese Materialien sind gut zu verarbeiten und eignen sich besonders für Nähanfänger. Sie fransen nicht aus und brauchen deshalb nicht versäubert werden. Der normale Bastelfilz ist nicht waschbar, kann jedoch gut für dekorative Accessoires verwendet werden.

Stofffasern und ihre Eigenschaften

Pflanzliche Naturfasern

Baumwolle Weich, saug- und sehr strapazierfähig. Trocknet langsam, knittert leicht. Gut färb-
bar. Kann beim Waschen einlaufen, verträgt
aber häufiges Waschen und ist gut bügelbar. Die
Eigenschaften der Fasern können durch Textil-
veredelung verändert werden, so dass sie pflegeleicht bzw. schrumpffrei und knitterarm sind.

Leinen Hochwertig, matt glänzend, fusselt nicht.
Sehr saug- und strapazierfähig. Fühlt sich etwas
steif und kühl an. Kochfest. Je nach Veredelung
niedrigere Waschtemperatur wählen, verträgt
beim Bügeln starke Hitze.

Tierische Naturfasern

Wolle Elastisch und sehr saugfähig. Vorsichtig
waschen, filzt leicht. Trocknet langsam.

Seide Hochwertig und glänzend. Elastisch und
sehr reißfest. Je nach Qualität und Ausrüstung
sehr leicht und geschmeidig oder schwer und
steif, knittert leicht. Vorsichtige Handwäsche oder
professionelle Reinigung, bei mittlerer Temperatur bügeln.

Chemische Fasern

Viskose/Rayon Besteht aus Zellulose. Preiswert.
Kann glänzend oder matt und in verschiedenen
Optiken hergestellt werden, so dass eine Ähnlich-
keit zu Wolle, Baumwolle oder Seide besteht.
Handwäsche oder professionelle Reinigung, bei
mittlerer Temperatur bügeln.

Acetat Aus Zelluloseacetat. Leicht glänzend, ähnelt
optisch der Naturseide. Formbeständig, knittert
kaum. Maschinenwäsche möglich. Falls nötig, von
links unter einem Tuch und bei niedriger Temperatur bügeln.

Synthetische Fasern

Polyester Sehr strapazierfähig, knitterarm, form-
und lichtbeständig. Weich und geschmeidig.
Wenig saugfähig, trocknet schnell. Pflegeleicht:
Verträgt Maschinenwäsche, falls nötig bei niedriger Temperatur bügeln.

Polyamid/Nylon Sehr hohe Reißfestigkeit. Ähn-
liche Eigenschaften wie Polyester, jedoch hitze-
empfindlicher – falls nötig bei niedrigster Temperatur bügeln.

Polyacryl Wolliger als Polyester und Polyamid.
Weich, strapazierfähig, wenig saugfähig. In
warmem Wasser waschbar, falls nötig bei niedriger Temperatur bügeln.

Tipp

Das gleiche Nähmodell kann
je nach verwendeter Stoffqualität, Farbe und Muster
ganz unterschiedlich wirken.
Nicht alle Qualitäten sind
jedoch für jedes Modell geeignet. Lassen Sie sich bei
der Stoffwahl von der ange-
botenen Vielfalt inspirieren
und gegebenenfalls beraten.

Stoffverbrauch

In Nähanleitungen findet sich gewöhnlich eine Stoffempfehlung mit Angabe der benötigten Menge. Diese Mengenangabe hängt jedoch von der Stoffbreite ab. Hat der gewählte Stoff eine andere Breite, können die Schnittteile vor dem Kauf z. B. auf einer zur entsprechenden Breite zusammengefalteten Tischdecke probeweise ausgelegt und so der Stoffbedarf ausgemessen werden.

Bei einigen Stoffen, z. B. solchen mit Strichrichtung, ungleichmäßigen Karos oder Streifen, müssen beim Auflegen der Schnittteile alle eingezeichneten Fadenlauf-Pfeile in die gleiche Richtung zeigen, wodurch sich der Stoffverbrauch je nach Modellgröße erhöhen kann. Folgende Besonderheiten sind zu beachten:

Stoffe mit Strichrichtung

Materialien wie Frottier, Samt, Fleece, Velours, Nicki und Cord besitzen auf der Oberfläche kleine Schlingen oder Härchen. Dieser so genannte Flor ist beim Darüberstreichen mit der Hand zu spüren. Sträuben sich die Härchen, so streicht man gegen den Strich. Fährt man mit dem Strich über den Stoff, so liegen alle Schlingen oder Härchen in eine Richtung und die Oberfläche fühlt sich glatt an. Beim Zuschnitt müssen alle Teile in einer Richtung aufgelegt werden, so dass die Strichrichtung identisch ist, sonst erscheinen sie später je nach Lichteinfall unterschiedlich schattiert. Die Stoffteile sollten außerdem möglichst in Strichrichtung gesteppt werden.

Stoffe mit Musterrichtung

Einige Stoffe zeigen Motive, wie z. B. Blumen, Tiere oder Ornamente, die alle in die gleiche Richtung ausgerichtet sind. Auch hier müssen die Schnittteile alle in einer Richtung auf den Stoff gelegt werden, sonst stehen einige Motive später am fertigen Modell auf dem Kopf.

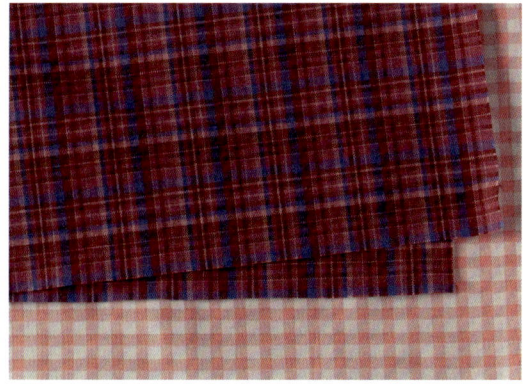 

Tipp

Nähmaschinen mit einem eingebauten doppelten Stofftransport führen den Stoff gleichzeitig von oben und unten. Beim Nähen von Streifen- und Karostoffen sollte auch der Obertransport eingeschaltet sein, denn er verhindert das Verschieben der Stoffe. So passt das Muster an der Naht später exakt zusammen.

Karierte Stoffe

Bei gleichmäßigen Karos (im Bild unten) erlaubt das symmetrische Muster das Auflegen der Schnittteile in beide Richtungen. Bei ungleichmäßigen Karos (im Bild oben) treffen aber nicht alle längs verlaufenden Streifen aufeinander, daher die Schnittteile nur in einer Richtung auflegen. Bei zwei oder mehreren Stoffteilen, wie z. B. Vorhängen, muss sichergestellt werden, dass die Muster an den Saumkanten übereinstimmen. Beim Falten von Stoffen mit Karomustern darauf achten, dass die quer- und längs verlaufenden Streifen an den Nähten exakt und deckungsgleich aufeinander treffen.

Gestreifte Stoffe

Für gestreifte Stoffe gilt im Prinzip dasselbe wie für Karos. Haben die Stoffe ein asymmetrisches Streifenmuster (im Bild oben), können die Schnittteile nur in einer Richtung aufgelegt werden, bei gleichmäßigen Streifen (im Bild unten) in beide Richtungen. Jedoch darauf achten, dass die Streifen bei allen Teilen übereinstimmend horizontal oder vertikal verlaufen.

Stoff vorwaschen

Bevor Stoff verarbeitet bzw. zugeschnitten wird, sollte er je nach Pflegeempfehlung gewaschen und gebügelt werden. Vor allem Baumwolle und Leinen können beim Waschen etwas einlaufen. Nichtwaschbare Stoffe und Baumwollreißverschlüsse mit dem Dampfbügeleisen oder unter einem feuchten Tuch überbügeln. Auch Bänder entsprechend vorbehandeln. Für reine Dekorationsobjekte, die später nicht gewaschen werden, ist das Vorbehandeln der Materialien nicht erforderlich.

Einlagen

Einlagen verwendet man, um Nähmodellen an bestimmten Stellen Festigkeit und Formbeständigkeit zu verleihen. Es gibt Vlieseinlagen und gewebte Stoffeinlagen zum Aufbügeln oder Einnähen, bekannt unter dem Markennamen Vlieseline. Bei der Wahl einer geeigneten Einlage müssen Qualität sowie Bügel- und Pflegeeigenschaften des Stoffes berücksichtigt werden. Besonders beliebt sind Bügeleinlagen, da sie leicht zu verarbeiten sind und das Ausfransen der Stoffkanten vermindern.

Das angebotene Sortiment an Einlagen ist sehr vielfältig. In der folgenden Aufstellung finden sich Informationen zu einigen gängigen Einlagen und ihren Bezeichnungen.

Tipp

Wenn Sie dehnbaren oder feinen Stoff nur während des Nähens verstärken wollen, können Sie dafür wasserlösliches Vlies verwenden. Es eignet sich auch fürs Maschinensticken: Einfach das Vlies mit dem aufgezeichneten Muster auf den Stoff bügeln, Motiv aufsticken und anschließend das Vlies mit kaltem Wasser auflösen.

Bügeleinlage

H 180 Dünnes Vlies aus Synthetikfasern für sehr feine Stoffe, die sich beim Zuschneiden oder Nähen leicht verziehen.

H 250 Stabiles Vlies für leichte bis mittelschwere Stoffe, z. B. zum Verstärken von Gürteln.

S 320 Leichte und sehr feste Einlage für Deko- und Baumwollstoffe, auch Schabrackeneinlage genannt. Eignet sich z. B. für Stoffkörbchen, Taschen oder Bastelarbeiten.

Näheinlage

S 105 Feste, stabilisierende Einlage für Stoffe, die sich nur bedingt oder gar nicht für eine Bügeleinlage eignen wie z. B. Frottier und folienbedruckte Stoffe. Zweckmäßig z. B. für robuste Einkaufstaschen.

Volumenvlies

H 630 Dickeres Bügelvlies für leichte bis mittelschwere Stoffe. Das synthetische Material verleiht z. B. Stepp- und Patchworkarbeiten einen wattierten Effekt sowie Taschen und Stoffbehältern eine gleichmäßige, feste Oberfläche.

Fixier-Stickvlies

Aufbügelbares Vlies zur Stabilisierung von Stickereien und Applikationen. Verhindert besonders bei dehnbaren Stoffen ein Verziehen während des Bestickens oder Nähens.

Nähgarn

Für verschiedene Näharbeiten gibt es ein breites Angebot an Garnen in unterschiedlichen Ausführungen und Lauflängen. Auch wenn Sonderangebote locken, sollte immer auf eine gute Garnqualität geachtet werden. Billige Garne können aus kurzen Fasern hergestellt sein, die schnell reißen und durch Knötchenbildung eine unregelmäßige Naht verursachen. Die meisten Garnrollen haben auf einer Seite eine Rille, in die das Fadenende eingeklemmt werden kann. Dies verhindert ein Abwickeln des Garns beim Aufbewahren. Manche Rollen besitzen stattdessen eine Kerbe. Werden solche Rollen auf den Garnrollenhalter der Nähmaschine gesteckt, muss die Kerbe entgegengesetzt zur Laufrichtung des Fadens liegen, damit er sich beim Nähen nicht verhaken kann. Für normale Näharbeiten sollte für Unter- und Oberfaden die gleiche Garnqualität verwendet werden.

Tipp

Meist wird das Garn eine Nuance dunkler gewählt als die Farbe des Stoffes, dadurch wirkt es unauffällig. Wer einen dekorativen Effekt erzielen möchte, nimmt stattdessen eine Kontrastfarbe.

Die wichtigsten Garnarten im Überblick

Allesnäher besteht meist aus Polyester und eignet sich für fast alle Stoffe und Näharbeiten. Das Garn lässt sich sehr gut vernähen, ist leicht elastisch und reißfest.

Reines **Baumwollgarn** wird für Naturmaterialien wie Baumwolle und Leinen verwendet.

Knopflochgarn eignet sich für handgenähte Knopflöcher und plastische Ziersteppereien sowie zum Nähen von robusten Materialien wie Leder.

Heftgarn besitzt nur geringe Reißfestigkeit und wird für provisorische Nähte verwendet.

Rayon **Maschinenstickgarn** aus hochwertiger Viskose verleiht Stickereien einen edlen seidenen Schimmer und zeichnet sich durch hohe Reißfestigkeit und Farbechtheit aus.

Metallicgarn wird speziell für wirkungsvoll glänzende Zier- und Steppnähte verwendet.

Nähen — die einzelnen Schritte

Bevor das eigentliche Nähen beginnen kann, werden zuerst die einzelnen Teile aus dem Stoff zugeschnitten und zum Nähen vorbereitet. Anschließend müssen an der Nähmaschine noch einige Einstellungen überprüft werden. Dann können auch schon einfache Nähte ausprobiert und so die ersten eigenen Werke geschaffen werden!

Stoffzuschnitt

Tipp
Bei gekauften Schnittmustern ist häufig ein Zuschneideplan abgebildet. Dieser zeigt Ihnen, wie Sie die Teile möglichst platzsparend auf dem Stoff verteilen und so beim Zuschneiden weniger Abfall erhalten.

Ist der passende Stoff gefunden, müssen nun die einzelnen Schnittteile vom Papierschnitt abgepaust, auf den Stoff aufgelegt und zugeschnitten werden. Eventuell ist es dabei notwendig, Nahtzugaben hinzuzufügen und Markierungen auf die Stoffteile zu übertragen.

Die wichtigsten Fachbegriffe

Fadenlauf Bei gewebten Stoffen werden längs laufende Fäden Kettfäden, quer laufende Fäden Schussfäden genannt. Der Fadenlauf bezeichnet die Richtung des Kettfadens und verläuft normalerweise parallel zu den Webkanten. Sind an einem Stoffrest keine Webkanten mehr zu sehen und ist der Fadenlauf schwer erkennbar, wenn möglich am Rand einen Gewebefaden anziehen, der dann die Richtung weist. In Schnitten ist der Fadenlauf mit Pfeilen gekennzeichnet. Beim Auflegen der Schnittteile müssen diese Pfeile, wenn nicht anders angegeben, parallel zum Fadenlauf liegen.

Fadengerade zuschneiden Um exakte und gerade Kanten zu schneiden, die Schere an einem Faden entlang bzw. zwischen zwei Fäden führen.

Stoffbruch Für symmetrische Schnittteile ist oft nur der halbe Schnitt abgebildet. Eine gerade Kante markiert die Achse, an der das Schnittteil zur Vervollständigung gespiegelt werden muss. Diese Kante ist meist mit „Stoffbruch" beschriftet und/oder durch eine gestrichelte Linie markiert. Um die fehlende Hälfte gegengleich und ohne Naht zu ergänzen wird der Stoff vor dem Zuschnitt gefaltet. Die gerade Kante des Schnittteils wird nun genau an diesem Knick, dem so genannten Stoffbruch, angelegt und das Schnittteil aus dem doppelt gelegten Stoff ausgeschnitten. Bei Webstoff entspricht der Stoffbruch dem Fadenlauf.

Naht- und Saumzugabe Zugaben sind die Stoffränder zwischen Nahtlinie (= Linie, auf der genäht wird) und Schnittkante. In einigen Schnitten sind die Zugaben bereits enthalten, so dass die Schnittteile direkt an der Papierkante zugeschnitten werden können. Sind die Zugaben im Schnitt noch nicht eingerechnet, müssen zuerst ringsum Naht- und Saumzugaben aufgezeichnet werden: Je nach Zweck und Material rechnet man für normale Nähte meist 1-2 cm, für gerade Säume 2-4 cm und für runde Säume 2 cm ab der Papierkante. Der Stoff wird anschließend an den eingezeichneten Linien zugeschnitten.

Rechte/Linke Stoffseite Die schöne Oberseite, die beim fertigen Modell außen zu sehen ist, wird als rechte, die Rückseite als linke Stoffseite bezeichnet.

Rechts auf rechts Ein Stoffteil wird mit der rechten Seite auf die rechte Seite eines anderen Stoffteils gelegt. Die linken Stoffseiten zeigen also jeweils nach außen.

Webkante Beim Weben eines Stoffes entstehen seitlich in Längsrichtung die Webkanten, die parallel zum Fadenlauf liegen. Die Webkanten sind sauber abgeschlossen und fransen im Gegensatz zu Schnittkanten nicht aus. Da sie etwas fester sind als der restliche Stoff sollten sie, außer als Nahtzugaben, beim Zuschneiden nicht einbezogen werden.

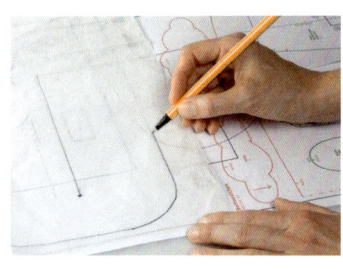

Schnittmuster abpausen

Um Platz zu sparen werden Schnittmuster häufig auf Bögen überlappend mit Schnittmustern anderer Modelle aufgezeichnet. Aus diesem oder anderen Gründen kann es sinnvoll sein, einen Papierschnitt nicht direkt auszuschneiden, sondern ihn abzupausen. Für diesen Zweck gibt es im Fachhandel spezielles Schnittmusterpapier, verwendet werden können aber auch Seiden- oder Transparentpapier. Das Papier auf die Vorlage bzw. das Muster legen. Ist ein großer Schnittmuster-Bogen vom Falten sehr uneben, das Papier einfach mit einem Bügeleisen ohne Dampffunktion glätten. Mit Filz- oder Bleistift alle Linien, Markierungen und Beschriftungen der einzelnen Teile nachzeichnen und anschließend die Schnittteile ausschneiden. Werden Vorlagen mehrmals verwendet, kann man zur Verstärkung die Rückseite mit dickerem Papier, z. B. Packpapier, bekleben. Für kleinere Motive kann eine Schablone aus Pappe sehr praktisch sein. Die Konturen einfach mithilfe von Pauspapier auf die Pappe übertragen, dann die Schablone sorgfältig ausschneiden.

Schnittteile auflegen

Den Stoff zuerst bügeln, dann schön glatt und faltenfrei zurechtlegen. Darauf achten, dass alle Schnittteile im richtigen Fadenlauf darauf Platz haben. Die Schnittteile werden immer auf der linken Stoffseite aufgelegt, so dass dort auch Zugaben und Markierungen angezeichnet werden können. Große Teile zuerst, kleinere danach auflegen. Falls Naht- und Saumzugaben noch nicht im Schnitt enthalten sind, zwischen den einzelnen Schnittteilen Abstand dafür lassen. Um die Stofffläche optimal auszunutzen kann es sinnvoll sein, die Schnittteile nach und nach auszuschneiden und sich dafür immer wieder einen neuen Stoffbruch zu falten. Für einmal benötigte asymmetrische Schnittteile den Stoff einfach legen, für zweimal benötigte Teile doppelt legen und beide Teile zusammen ausschneiden. Um zu überprüfen, ob die Teile auch richtig im Fadenlauf liegen, an beiden Enden des auf dem Schnittteil aufgezeichneten Fadenlaufs zu Bruch oder Webkante messen und die Stelle mit je einer Stecknadel markieren (siehe Foto). Der Abstand sollte an beiden Pfeilenden gleich sein.

Für halbe Schnittteile eine Stoffseite gerade so weit umklappen, dass die Teile im entstandenen Stoffbruch aufgelegt werden können. Beim Falten liegt die rechte Stoffseite immer innen. Vor dem Auflegen des Schnittteils sollte an mehreren Stellen der Abstand vom Bruch zur oben liegenden Webkante gemessen werden um zu garantieren, dass der Stoff auch genau im Fadenlauf und nicht schief gefaltet wurde.

Die Schnittteile nun ringsum mit Stecknadeln so feststecken, dass die Schnittlinie zum Schneiden frei bleibt. Bei doppelt gelegtem Stoff darauf achten, dass die Nadeln beide Lagen erfassen. Bei Lackstoffen, Leder oder Wachstuch bleiben Nadeleinstiche sichtbar, deshalb Schnittteile mit Klebeband oder Büroklammern befestigen.

Tipp
Schnittvorlagen für Stoffe mit schwierigen Mustern wie Karos und Streifen am besten mit einem wasserfesten Stift auf durchsichtige Schnittfolie zeichnen. Beim Zuschneiden ist so der Verlauf des Musters wesentlich besser sichtbar als bei herkömmlichem Schnittmusterpapier.

Tipp
Wer einen sehr hohen Verbrauch an Schnittmusterpapier oder -folie hat, kann im Baumarkt günstige Alternativen wie z. B. PE-Baufolie oder Abdeckplanen finden. Am besten zuerst in kleiner Menge ausprobieren und eine mittlere bis starke Qualität wählen.

Tipp

Ein praktisches Hilfsmittel zum Markieren bei doppelter Stofflage ist ein Parallel-kopierrad. Beim Übertragen von Schnittteilen zeichnet es die Naht- und Schnittlinien gleichzeitig auf den Stoff. Dazu besitzt es ein zweites, je nach Zugabenbreite verstellbares Rädchen, das die Zugaben automatisch im richtigen Abstand zur Nahtlinie markiert.

Naht- und Saumzugaben aufzeichnen

Bei Schnittteilen, die keine Zugaben enthalten, müssen Naht- und Saumzugaben ringsum mit Handmaß und Trickmarker oder Schneiderkreide auf den Stoff gezeichnet werden. Oft sind die Maße der benötigten Zugaben in der Anleitung angegeben. Ist dies nicht der Fall, können sie je nach Zweck und Material selbst gewählt werden (siehe auch Seite 28 „Naht- und Saumzugabe"). Entlang der eingezeichneten Markierung wird dann zugeschnitten. Sind die Nahtzugaben gleichmäßig aufgezeichnet, liegen die Schnittkanten später beim Nähen exakt aufeinander. Für das Gelingen einer geraden Naht kann man sich dann an den Schnittkanten orientieren und so einen Arbeitsschritt, das Übertragen der Nahtlinien, sparen.

Stoffteile zuschneiden

Den Stoff entlang der Papierkante oder der eingezeichneten Markierung mit einer scharfen Schneiderschere zuschneiden. Dabei so wenig wie möglich anheben, da sich sonst die Schnittkanten leicht verschieben können. Mit der freien Hand den Stoff dicht neben der Schnittlinie festhalten und mit langen Schnitten arbeiten.

Schnittkonturen und Markierungen übertragen

Bevor der Papierschnitt nach dem Zuschneiden der Stoffteile wieder abgenommen wird, müssen Naht- und Saumlinien (= Konturen) und alle im Schnittteil eingezeichneten Markierungen, bis auf den Fadenlauf, auf den Stoff übertragen werden. Wird später Vlieseline aufgebügelt, die am Rand des

Schnittteils befindlichen Markierungen, wie Ansatzpunkte für andere Teile oder vordere und rückwärtige Mitte, bis auf die Nahtzugabe verlängern, damit sie sichtbar bleiben. Alternativ können diese Stellen auch mit kurzen Einschnitten in den Zugaben gekennzeichnet werden. Zum Übertragen von Markierungen gibt es verschiedene Möglichkeiten:

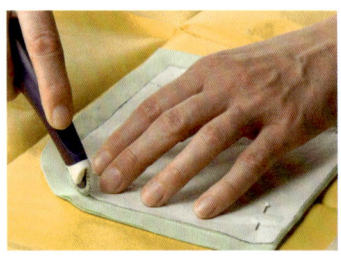

Markierung bei doppelter Stofflage

Ein Stück Schneiderkopierpapier mit der beschichteten Farbseite nach oben auf eine gerade Oberfläche legen. Das zugeschnittene Stoffteil darauf legen. Das Kopierrädchen zuerst entlang der Papierkante führen und so die Nahtlinien übertragen. Dann alle weiteren Markierungen nachrädeln. Die Linien sind nun auf der unteren Stofflage sichtbar, der Papierschnitt kann abgenommen werden. Beide Stofflagen nun wieder bündig mit Stecknadeln aufeinander stecken, ohne die markierten Linien zu treffen. Den Stoff umdrehen und erneut auf das Kopierpapier legen, so dass die bereits kopierten Linien oben liegen. Die Linien noch einmal nachrädeln, um sie auch auf die zweite, jetzt unten liegende Stofflage zu kopieren. Sollen bei zwei oder mehreren Stoffteilen gleichzeitig linke und rechte Seiten markiert werden, gelingt das Übertragen sehr exakt mit dem Durchschlagstich (siehe Seite 43). Diese Methode ist besonders bei dünnen und empfindlichen Stoffen empfehlenswert, bei denen das Kopieren nicht möglich ist.

Markierung auf der rechten Stoffseite

Markierungen wie Knopflöcher oder Aufsetzpunkte für Applikationen müssen auf die rechte Stoffseite übertragen werden, da sie später auch von dieser Seite gearbeitet werden. Bei doppelt gelegtem Stoff befinden sich die rechten Seiten immer innen. An den entsprechenden Stellen Stecknadeln durch den Papierschnitt und beide Stofflagen stechen. Dann die obere Stofflage zurückschlagen und jeweils beide Durchstichstellen mit Schneiderkreide oder Trickmarker anzeichnen.

Markierung bei einfacher Stofflage

Die Nahtlinie entlang der Papierkante mit Schneiderkreide oder Trickmarker aufzeichnen.

Um die Markierungen zu übertragen, an den entsprechenden Stellen Stecknadeln durch Papier und Stoff stechen, den Papierschnitt vorsichtig bis zur Nadel anheben und die Einstichstellen auf der linken Stoffseite markieren. Müssen sie auch auf der rechten Stoffseite sichtbar sein, einfach die Ausstichstellen ebenfalls markieren (siehe Foto).

Tipp
Besteht ein Schnitt aus vielen Einzelteilen, kennzeichnen Sie diese auf den linken Stoffseiten mit beschriftetem Klebeband. Das erleichtert die Übersicht und das benötigte Teil ist schnell gefunden.

Verstärken mit Vlieseline

In Schnitten und Anleitungen ist meist vorgegeben, welche Schnittteile mit welcher Art von Einlage versehen werden sollen. Aufbügelbare Einlagen sind hierbei am einfachsten zu handhaben. Sie besitzen eine gekörnte Klebeseite, die sich durch Bügeln mit dem Stoff verbindet, so dass nichts mehr verrutschen kann. Eine Bügelempfehlung ist bei den Vlieseline-Einlagen auf dem Kantendruck zu finden. Zuerst sollte eine Probe auf einem entsprechenden Stoffrest gemacht werden, um die Haftung zu prüfen.

Vlieseline zuschneiden
Zum Zuschneiden der Vlieseline die entsprechenden Papierschnittteile auf die Vlieseline stecken, dabei wie beim Stoff den Fadenlauf berücksichtigen. Für halbe Schnittteile die Vlieseline doppelt legen und das Schnittteil im Bruch feststecken. Dann alle Teile mit Nahtzugaben ausschneiden, diese jedoch knapper bemessen als beim Stoff. Dadurch wird vermieden, dass die Einlage über den Stoff hinausragt und Bügelbrett oder Bügeleisen verklebt. Beim Auflegen von asymmetrischen Schnittteilen darauf achten, dass die gekörnte Klebeseite später auf die linke Stoffseite aufgebracht wird. Werden die Schnittteile auf die gekörnte Seite aufgelegt, müssen sie also umgedreht und spiegelverkehrt zugeschnitten werden.

Vlieseline aufbügeln
Den Vlieselinezuschnitt mit der gekörnten Seite auf die linke Stoffseite legen und nach den Bügelempfehlungen aufbügeln. Dabei laut Herstelleranweisung Schritt für Schritt oder langsam gleitend vorgehen und an jeder Stelle einige Sekunden leicht aufdrücken. Die verstärkten Stoffteile vor der Weiterverarbeitung etwa 20 Minuten abkühlen lassen.

Heften

Das Heften dient dazu, Stofflagen vorübergehend zusammen zu fixieren, damit sie beim Nähen nicht verrutschen können. Geheftet werden kann auf verschiedene Arten. Zuerst die zu heftenden Stoffteile rechts auf rechts zusammenlegen und darauf achten, dass die Kanten exakt aufeinander treffen. Dann mit Stecknadeln zusammenstecken. Anschließend kann zusätzlich noch mit einem Heftfaden geheftet werden. Dies ist vor allem bei Kleidungsstücken sinnvoll, um sie vor dem endgültigen Zusammennähen anprobieren zu können. Für einfachere Näharbeiten reicht mit etwas Übung das Fixieren mit Stecknadeln aber völlig aus.

Tipp
Ein bequemer und zeitsparender Helfer ist wasserlösliches Heftgarn. Es wird wie gewöhnliches Nähgarn verarbeitet, löst sich aber beim Kontakt mit Wasser oder Wasserdampf rückstandslos auf. Dieses Garn sollte jedoch nur bei wasserunempfindlichen Materialien verwendet werden.

Heften mit Stecknadeln
Stecknadeln in einem Abstand von ca. 5 cm quer, also im rechten Winkel zur Nahtlinie, so einstecken, dass sich der Einstich vor und der Ausstich hinter der Nahtlinie befindet. Bei geschwungenen Schnittformen müssen die Nadeln näher beieinander platziert werden. Dabei gilt: Je geschwungener die Form, desto enger die Abstände zwischen den Nadeln.

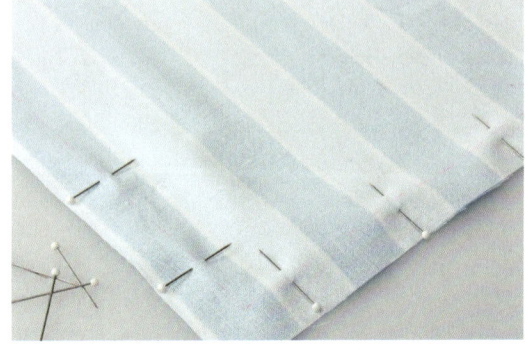

Heften von Hand
Die Stoffkanten mit Stecknadeln zusammenstecken. Heftfaden in eine große Handnähnadel einfädeln und dicht neben der Nahtlinie Heftstiche nähen (siehe Seite 44). Dann die Stecknadeln entfernen.

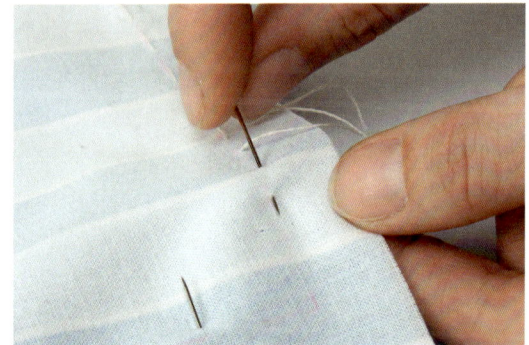

Heften mit der Nähmaschine
Die Stoffkanten zuerst mit Stecknadeln zusammenstecken. An der Nähmaschine den Geradstich auf die größte Stichlänge einstellen, die Oberfadenspannung etwas reduzieren (siehe Seite 34) und entlang der Nahtlinie nähen (siehe Seite 36 „Einfache Naht").

Tipp
Wenn Sie als Nähanfänger noch unsicher sind, probieren Sie die ersten Maschinenstiche am besten auf kariertem Papier aus. Nähen Sie dazu ohne Ober- und Unterfaden einzufädeln entlang der Linien. Markieren Sie sich Punkte für Ecken und Kurven, an denen Sie Stoppen und Starten üben können. Sobald Sie ein gutes Gefühl für die Handhabung Ihrer Nähmaschine entwickelt haben, fädeln Sie die Maschine ein und wiederholen Sie die Übungen auf einem Stoffrest.

Ober- und Unterfaden einfädeln

Vor dem Einfädeln immer sicherstellen, dass der Nähfußheber oben steht und der Nähfuß angehoben ist. Dadurch wird die Spannung der Spannscheiben gelöst und der Faden lässt sich leichter durch die Nadel führen. Das Handrad entgegen dem Uhrzeigersinn drehen, bis die Nadel in der höchsten Stellung und der Fadenhebel sichtbar ist. Ober- und Unterfaden laut Bedienungsanleitung in die Nähmaschine einfädeln und beide Fäden zusammen ca. 10-15 cm nach hinten oder auf eine Seite der Maschinennadel ziehen. Gewünschte Stichart, Stichlänge und Stichweite einstellen. Das Stoffteil unter die Nadel legen, das Handrad entgegen dem Uhrzeigersinn drehen, bis die Nadel am Anfang der Nahtlinie einsticht, dann den Nähfuß senken.

Stich und Spannung einstellen

Stichart und Stichlänge

Die gewünschte Stichart wählen und die richtige Stichlänge einstellen. Die Stichlänge für den Geradstich beträgt normalerweise 2,5 mm, sie muss jedoch immer auf das zu verarbeitende Material abgestimmt werden. Für leichte und feine Stoffqualitäten am besten eine Stichlänge von 1,5-2 mm wählen, für mittlere Qualitäten 2,5-3 mm und für schwere Qualitäten 3-4 mm.

Stichweite

Der Abstand zwischen der rechten und der linken Einstichstelle wird als Stichweite oder Stichbreite bezeichnet. Wichtig ist sie z. B. beim Zickzackstich. Beim Geradstich steht sie auf 0, da in einer geraden Linie genäht wird.

Fadenspannung

Beim Nähen mit der Nähmaschine wird grundsätzlich mit zwei Fäden gearbeitet: Der Oberfaden wird als komplette Garnrolle auf den Garnrollenhalter gesetzt und durch die Nadel gefädelt, der Unterfaden muss zuvor auf eine Spule aufgespult und dann unter dem Nähfuß in das Spulengehäuse eingesetzt werden.
Beim Nähen verschlingen sich diese beiden Fäden miteinander und bilden so die Naht.

Damit die Stiche schön gleichmäßig erscheinen muss die Spannung von Ober- und Unterfaden richtig eingestellt sein. Viele moderne Nähmaschinen regulieren diese automatisch. Bei einigen Maschinen wird die Spannung in Zahlenwerten angegeben. Die normale Einstellung für die Oberfadenspannung liegt hier bei 4 bis 5, für Sticken und Knopflochnähen sollte 2 und 3 gewählt werden. Diese Werte können aber je nach Maschine variieren. Einstellrad oder -hebel können statt Zahlen auch eine Skala mit Plus- und Minuszeichen haben. Bei sehr dünnen Stoffen wird die Spannung meist leicht verringert, bei dickeren etwas erhöht. Häufig ist schlechtes Garn die Ursache für Unregelmäßigkeiten im Nahtbild. Daher sollte vor Veränderung der Fadenspannung zunächst neues Polyestergarn eingefädelt werden um zu prüfen, ob die Naht damit bereits besser aussieht. Bei Problemen immer erst die Oberfadenspannung prüfen, an der Unterfadenspannung ist seltener eine Korrektur erforderlich. Beim Einstellen der Oberfadenspannung muss der Nähfuß gesenkt sein.

Oberfadenspannung prüfen

Korrekt

Ober- und Unterfaden verschlingen sich zwischen den Stofflagen, so dass die Knötchen nicht zu sehen sind und die Stiche auf der Ober- und Unterseite gleichmäßig erscheinen. Die kleinstmögliche Oberfadenspannung erzielt den schönsten Geradstich.

Zu schwach

Zu geringe Spannung führt zu einem losen Stich mit Schlaufen. Die Knötchen der Ober- und Unterfadenverschlingung sind auf der unteren Stoffseite sichtbar.

Zu stark

Zu hohe Spannung verursacht einen zu engen Stich bzw. eine Kräuselnaht, die sich zusammenzieht. Die Knötchen der Ober- und Unterfadenverschlingung sind auf der oberen Stoffseite sichtbar.

Unterfadenspannung prüfen

Bei Nähmaschinen mit Spulenkapseln zur Kontrolle der Unterfadenspannung die volle Spule in die Kapsel einlegen, den Faden durch den Schlitz und unter die Feder ziehen. Dann das Fadenende festhalten und ruckartig nach oben bewegen – dabei muss die Spulenkapsel langsam bzw. stufenweise nach unten gleiten. Bewegt sich die Kapsel nicht oder zu schnell muss die Spannung neu eingestellt werden.

Die Spannung des Unterfadens kann durch Drehen der Einstellschraube reguliert werden. Drehen im Uhrzeigersinn erhöht die Spannung, Drehen gegen den Uhrzeigersinn reduziert sie.

Tipp

Ein identisches Nahtbild auf Ober- und Unterseite wird normalerweise nur beim Geradstich erzielt. Bei Ziernähten und Knopflöchern sollte die Oberfadenspannung etwas reduziert werden, so dass die Verknotungen auf der Unterseite sichtbar sind.

Einfache Naht

Tipp

Am Ende einer Naht immer den Fadenhebel mit dem Handrad in die höchste Stellung bringen. Den Nähfuß heben und die Fäden ca. 10 cm vom Nähfuß entfernt abschneiden. Wird der Faden zu dicht an der Nadel abgeschnitten, kann er beim nächsten Nähstart leicht aus der Nadel gleiten.

Naht sichern

Damit eine Naht später nicht aufgehen kann, sollten Nahtanfang und -ende mit einigen Rückstichen gesichert werden. Dies nennt man auch Verriegeln. Bei Gerad- und Zickzackstichen einige Stiche nähen, auf die Rückwärtstaste drücken, 3 bis 5 Stiche zurück nähen, dann die Taste lösen und wieder vorwärts nähen. Am Nahtende wieder einige Stiche rückwärts und dann erneut vorwärts bis zum Ende nähen. Bei Zier- und sonstigen Stichen sollten Anfang und Ende mit Geradstichen gesichert werden, da die Naht an diesen Stellen sonst zu dick wird. Vor dem Nahtende langsamer nähen, um nicht darüber hinaus zu geraten. Manche Näh-

maschinen besitzen eine Riegeltaste, bei deren Betätigung die Naht automatisch mit einigen Stichen verriegelt wird.
Nähte lassen sich auch durch Verknoten von Ober- und Unterfaden sichern. Dafür den Oberfaden auf die linke Stoffseite ziehen, beide Fäden zur Schlaufe legen und die Enden hindurch führen. Den Knoten dicht am Stoff festziehen, die überstehenden Fadenenden abschneiden.

Einfache Naht

Normalerweise wird durch Betätigung des Fußpedals genäht. Je mehr Druck dabei auf das Pedal ausgeübt wird, desto schneller näht die Maschine. An Stellen, an denen sehr exakt genäht werden muss, kann die Nadel aber auch langsam durch Drehen des Handrads bewegt werden. Um Stichlänge und Fadenspannung zu überprüfen ist eine Nahtprobe auf einem doppelt gelegten Stoffrest sinnvoll. Den Stoff beim Nähen weder ziehen noch schieben, sondern nur leicht mit der Hand führen, um eine gerade Naht zu erhalten. Je nach Breite der Nahtzugabe kann dabei die Maßeinteilung auf der Stichplatte als Orientierung dienen. Die Linien sind durch Zahlen markiert, die den Abstand zwischen der Stoffkante und der

zentrierten Nadel, also der späteren Naht, angeben. Sind die Stoffteile mit Faden zusammengeheftet, nicht direkt auf der Heftlinie, sondern dicht daneben nähen. So lässt sich anschließend der Heftfaden leichter entfernen. Wurde mit der Maschine geheftet, nach dem Nähen den Unterfaden der Heftnaht herausziehen. Mit dem Gerad- bzw. Steppstich die rechts auf rechts gelegten Stoffkanten entlang der markierten Nahtlinie zusammennähen. Wurde keine Nahtlinie angezeichnet, mit einem Abstand zum Schnittrand in Breite der Nahtzugabe nähen. Dabei die Stecknadeln kurz vor dem Nähfuß herausziehen oder langsam über die Nadeln nähen und diese erst danach entfernen. Wenn Ecken und Kurven genäht werden, muss der Nähvorgang manchmal unterbrochen werden. Dann ist es sinnvoll, die Nadel per Handrad in den Stoff zu stechen, oder, falls vorhanden, den automatischen Nadelstopp im Stoff zu wählen. So ist garantiert, dass die Naht später ohne Verschiebung fortgesetzt werden kann.
Eine einfache Naht mit Geradstich nähen bezeichnet man auch als „Steppen".

Ecken nähen

Kurz vor einer Ecke langsamer nähen. Exakt in der Ecke stoppen, die Nadel bleibt im Stoff. Den Nähfuß hochstellen, das Stoffteil in die neue Richtung drehen, dann den Fuß wieder senken und weiter nähen.

Kurven nähen

Bei leichten Kurven langsam nähen. Vor einer engen Kurve stoppen, die Nadel bleibt im Stoff. Den Nähfuß hochstellen, das Stoffteil etwas weiter drehen, den Fuß wieder senken und ein bis zwei Stiche per Handrad nähen. Diesen Vorgang bis zum Kurvenende wiederholen, dann normal weiter nähen. Bei sehr engen Rundungen für diesen Nahtabschnitt einen kürzeren Geradstich einstellen.

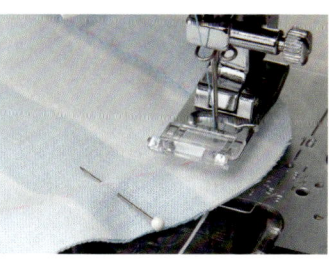

Naht auftrennen

Besonders bei Anfängern ist es ganz normal, dass Teile einmal nicht korrekt zusammengenäht werden oder eine Naht nicht an der richtigen Stelle sitzt. Dann bleibt leider nichts anderes übrig, als die Naht aufzutrennen und den Faden zu entfernen.

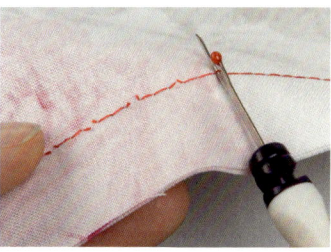

Dazu mit der Spitze des Nahttrenners auf der linken Stoffseite den Unterfaden anheben und mit der Schneide durchtrennen. Auf einer Länge von etwa 5 cm in kurzen Abständen auf diese Weise Stiche durchschneiden.

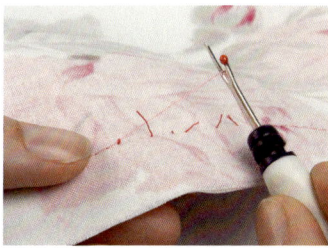

Das Stoffteil wenden und mit dem Oberfaden genauso verfahren. Den Vorgang wiederholen, bis die komplette Naht aufgetrennt ist. Fadenreste eventuell mithilfe einer Pinzette aus dem Stoff zupfen.

Tipp

Ecken und Kurven nähen ist nicht ganz einfach und erfordert etwas Erfahrung. Üben Sie solche Nähte am besten an einigen Probestücken, bevor Sie sich an ein Modell wagen.

Nahtzugaben beschneiden

Nahtzugaben zurückschneiden

Vor allem bei sehr kleinen und schmalen Schnittteilen, z. B. bei Stofftierchen oder Püppchen, können die Nahtzugaben im gewendeten Zustand sehr auftragen und eine gute Ausformung verhindern. Daher kann es erforderlich sein, sie bis 3-4 mm vor der Nahtlinie abzuschneiden. Dabei aber immer genügend Zugabe lassen, um ein Auflösen der Naht zu vermeiden.

Nahtzugaben einschneiden

Bei Rundungen und Ecken die Nahtzugaben einschneiden bzw. einkerben, sie passen sich dadurch besser an die Form an. Dafür eine Schere mit scharfer Spitze verwenden und nie näher als ca. 2 mm an die Nahtlinie heran schneiden.

Innenrundungen

Die Nahtzugaben im rechten Winkel zur Nahtlinie einschneiden. Je enger die Kurve, desto mehr Einschnitte sind erforderlich.

Außenrundungen

Die Nahtzugaben einkerben. Effektiver als wenige große Kerben sind mehrere kleine.

Innenecken

Einmal bis kurz vor die Nahtlinie einschneiden, um die Nahtzugaben einschlagen zu können.

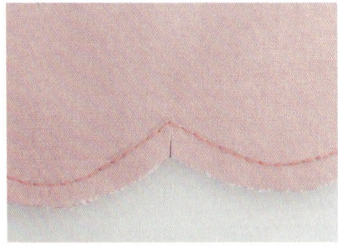

Außenecken

Die Nahtzugaben schräg abschneiden, damit sie in den gewendeten Ecken nicht auftragen.

Naht bügeln

Sind die Bügelempfehlungen für einen Stoff nicht bekannt, auf jeden Fall eine Probe auf einem Stoffrest machen. Die Nähte jeweils nach den einzelnen Arbeitsschritten von links bügeln, zuvor Markierfarben entfernen. Die Nahtzugaben zuerst zusammen flachbügeln, dann auseinanderbügeln. Verstürzte bzw. gewendete Stoffteile von rechts in Form bügeln, dabei darauf achten, dass die Nähte genau an den Kanten liegen. Für schmale oder röhrenförmig geschlossene Stoffteile ist ein Ärmelbrett unentbehrlich.

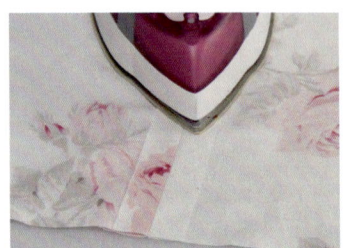

Kanten versäubern und absteppen

Versäubern mit dem Zickzackstich

Die gebräuchlichste Methode, Nahtzugaben vor dem Ausfransen zu schützen ist das Versäubern der Schnittkanten mit dem Zickzackstich. Stichbreite und -länge sollten hierbei sorgfältig auf das verwendete Material abgestimmt und am besten zuvor an einem Stoffrest ausprobiert werden. Für stark fransende Stoffe eignen sich breite Stiche in kurzem Abstand, für wenig fransende Stoffe schmale Stiche in größerem Abstand. Den Zickzackstich nahe der Stoffkante nähen, jedoch nicht darüber hinaus (siehe Foto). Dann die überstehende Stoffkante vorsichtig dicht neben den Stichen abschneiden. Normalerweise werden die Nahtzugaben aller Teile einzeln versäubert, schmale Zugaben, z. B. bei Beuteln und Taschen, können manchmal aber auch zusammen versäubert werden. Dabei kann der Stich auch über die Kanten hinaus stechen.

Bei dehnbaren Stoffen wird der Elastikstich eingesetzt. Dabei die Stoffkante so führen, dass die Nadel einmal in den Stoff und einmal dicht neben der Kante einsticht.

Versäubern mit der Zackenschere

Bei Webstoffen lassen sich die Kanten in einfacher Stofflage schnell mit einer Zackenschere versäubern, für Strickstoffe ist diese Methode jedoch nicht geeignet. Darauf achten, dass bei jedem Neuansatz die erste neue Zacke gleichmäßig und ohne Unterbrechung an der letzten Zacke ansetzt.

Absteppnaht

Das Absteppen erfolgt auf der rechten Stoffseite und dient sowohl zur Verzierung als auch zum Flachhalten von Nahtzugaben, damit diese später nicht abstehen. Dafür auf der linken Stoffseite die versäuberten Nahtzugaben auf die Seite bügeln, die danach abgesteppt werden soll. Nun die Naht im Gerad- bzw. Steppstich auf der rechten Stoffseite parallel zur vorher gearbeiteten Naht nähen. Häufig finden sich in Anleitungen die Begriffe füßchenbreit, schmal- oder knappkantig absteppen. Füßchenbreit bedeutet, dass z. B. eine eingeschlagene Stoffkante oder eine bereits vorhandene Naht exakt entlang der rechten Nähfußkante geführt wird. Der Abstand zwischen Steppnaht und Kante oder vorheriger Naht beträgt also die halbe Fußbreite (= 7,5 mm). Beim knappkantigen Absteppen parallel und ca. 1 mm neben der Kante oder Naht entlang nähen, beim schmalkantigen Absteppen ca. 2 mm.

(siehe Foto)

Tipp
Praktisch zum Verarbeiten von sehr kleinen Teilen ist der Fransenstopp. Die farblose Flüssigkeit verbindet und verstärkt die Gewebeflächen und verhindert so ein Ausfransen der Schnittkanten. Fransenstopp dünn auf den Rand der zugeschnittenen Teile streichen und trocknen lassen. Danach ist sogar das Nähen ganz knapp neben der Kante möglich. Fixiert auch Fadenenden, die zum Vernähen zu kurz sind.

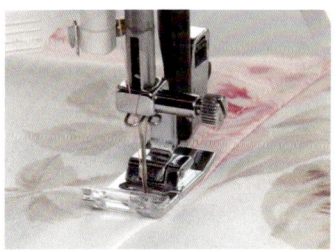

Säume nähen

Säume sind offene Kanten, die nach innen eingeschlagen und dann festgenäht werden. Ihre Verarbeitung hängt vor allem vom Material und der Schnittform, aber auch von der gewünschten Optik ab. Je nachdem, welcher Stich gewählt wird, ist die Naht auf der rechten Stoffseite sichtbar oder unsichtbar. Schmale Säume eignen sich für feine Stoffe, breite Säume für dickere und schwere Qualitäten. Zum Einhalten der exakten Saumzugabe beim Nähen ist der Einsatz eines Führungslineals oder eines magnetischen Kantenführers sehr hilfreich.

Tipp
Eine unkomplizierte Art der Saumverarbeitung gelingt mit Saumfix-Haftvlies. Sie geht schnell und kann vor allem bei Dekoobjekten gut angewendet werden. Versäubern Sie hierzu die Saumzugabe und bügeln Sie sie nach links um. Dann das Haftvlies entlang der Stoffkante zwischen den Stoff und die umgebügelte Zugabe legen. Den Saum mit einem feuchten Tuch abdecken und schrittweise festbügeln.

Einfacher und doppelter Saum

Einfache und doppelte Säume werden am häufigsten gearbeitet, weil sie stabil, schnell genäht und fast überall einsetzbar sind. Sie unterscheiden sich lediglich durch die Breite der eingeschlagenen Saumzugabe. Beim einfachen Saum ist die erste eingeschlagene Zugabe schmaler als der Saum selbst, bei einem doppelten Saum wird zweimal die gesamte Saumbreite eingeschlagen. Die Saumbreite kann dabei je nach gewünschter Optik und Verwendungszweck variieren.
Die Fotos zeigen einen einfachen Saum mit 2 cm fertiger Breite. Dafür zwei Linien im Abstand von 2 cm und 5 cm parallel zur Stoffkante einzeichnen.

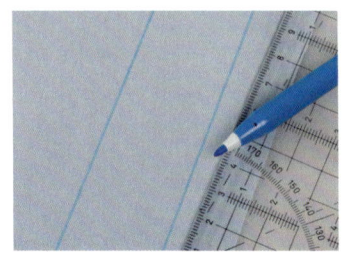

Nun den Einschlag 1 cm breit nach links umbügeln, so dass die Kante an der ersten Linie anstößt. Dann die Saumzugabe 2 cm breit zur zweiten Linie hin umbügeln.

Den Saum mit Stecknadeln quer zur Nahtlinie feststecken und schmalkantig zur oberen Saumkante absteppen.

Möchte man einen doppelten Saum mit 2 cm Breite nähen, so sind dafür zwei Linien im Abstand von 2 cm und 6 cm notwendig. Im ersten Schritt wird der Einschlag 2 cm zur ersten Linie nach innen gebügelt, im zweiten Schritt noch einmal 2 cm zur zweiten Linie. Der Stoff liegt nun über die gesamte Saumbreite dreilagig.

Offenkantiger Saum

Ein offenkantiger Saum eignet sich für Stoffkanten, die nur geringen Belastungen ausgesetzt sind. Dafür die Schnittkante zuerst mit Zickzackstich versäubern. Dann die Saumzugabe nach links umlegen und feststecken. Anschließend mit Geradstich absteppen.

Abgekurbelter Saum

Mit Abkurbeln bezeichnet man das Nähen mit dicht eingestelltem Zickzackstich. Schnittkanten von sehr dünnen Stoffen sowie einfache Rüschen aus feinen Stoffen werden häufig abgekurbelt.

1 Die Saumzugabe nach links umbügeln. Dann von der rechten Stoffseite aus die Zugabe quer zur Kante feststecken und mit dicht eingestelltem Zickzackstich über den Stoffbruch nähen.

2 Auf der linken Seite die überstehende Stoffkante vorsichtig dicht neben den Stichen abschneiden.

Eingefasster Saum

Beim Einfassen wird ein Band, z. B. fertig gefalztes Schrägband, um die Stoffkante gelegt und festgenäht.

1 Das Band auffalten, eine Längsseite mit der rechten Band- auf die linke Stoffseite bündig an die Schnittkante stecken, dann im Bügelfalz, also eine Viertel-Bandbreite von der Kante entfernt, feststeppen. Die Naht bügeln.

2 Das Band mit eingeschlagener Falzkante um die Stoffkante zur rechten Seite umlegen, so dass die erste Naht verdeckt ist, und knappkantig feststeppen. Bleiben die Bandenden sichtbar, werden sie vor dem Aufstecken des Bandes nach innen eingeschlagen und gebügelt.

Saum mit Band

Farbige Paspelbänder, Zackenlitzen oder Spitzen geben jedem Saum das gewisse Etwas. Vor allem runde Kanten lassen sich schnell mit elastischen Bändern säumen.

1 Das gewünschte Band rechts auf rechts an der Schnittkante entlang feststecken oder anheften, dann mit Zickzack- oder Overlockstich annähen.

2 Nun das Band nach unten umklappen und die Naht bügeln. Auf der rechten Seite den Stoffrand so absteppen, dass dabei das Band fixiert wird. Zum Annähen von Paspeln den Reißverschlussfuß verwenden, er ermöglicht ein Steppen dicht entlang der Paspelkante.

Tipp

Besonders bei dehnbaren Stoffen erleichtert Fixier-Stickvlies das Abkurbeln des Saumes. Mit Nähgarn in einer hübschen Kontrastfarbe können Sie dabei interessante Akzente setzen. Zunächst entlang der Schnittkante einen schmalen Vliesstreifen auf die linke Stoffseite bügeln. Auf der rechten Seite mit breitem, dicht eingestelltem Zickzackstich langsam an der Kante entlang nähen. Zuletzt die überstehenden Vliesränder abreißen.

Tipp

Wenn Sie Schrägband akkurat um die Schnittkante legen und heften, können Sie es auch mit nur einer Naht von rechts schmalkantig absteppen.

Handstiche

Tipp
Dezent und edel wirken Stickereien, wenn Sie ein Garn in der Stofffarbe oder in einer leichten Schattierung verwenden. Eine Kontrastfarbe hingegen setzt freche und lebhafte Akzente.

Nähen und Sticken ergänzen sich wunderbar: Selbst genähte Heimtextilien und Accessoires lassen sich mit gestickten Zierstichen ganz nach Geschmack individuell abrunden. Zum Arbeiten von Hand werden je nach Stoffqualität und Verwendungszweck schlichte Nähgarne oder effektvolle Stick- und Applikationsgarne verwendet. Diese Garne sind aus Natur- oder Kunstfasern wie Baumwolle, Seide, Acryl und Polyester hergestellt. Für auffällige Dekorationen eignen sich auch Kordeln und dünne Bänder. Je dicker das Garn für eine Ziernaht gewählt wird, umso plastischer erscheint diese. Kurze Stiche erzeugen eine haltbarere Naht als lange. Nach jedem Stich sollte der Faden gleichmäßig festgezogen werden, so dass er weder zu fest noch zu lose liegt und sich dem Stoff anpasst.

Handnähnadel einfädeln

Den Faden in der gewünschten Länge mit einer scharfen Schere von der Garnrolle abschneiden. Er sollte jedoch nicht länger als ca. 60 cm sein, weil er sich sonst schnell verknoten kann. Ein Fadenende in die geeignete Stick- oder Handnähnadel einfädeln und etwa ein Viertel der Länge durchziehen. Das Einfädeln gelingt leichter, wenn der Faden schräg abgeschnitten und das Ende angefeuchtet wird. Alternativ kann auch ein Nadeleinfädler zu Hilfe genommen werden.

Nahtanfang

Damit der Faden nicht aus dem Stoff herausrutschen kann, am langen Fadenende einen Knoten schlingen. Dafür zuerst eine Schlaufe legen und das Ende hindurch ziehen. Mit der Nadel von unten nach oben durch den Stoff stechen, so dass der Knoten auf der linken Stoffseite liegt. Die meisten Nähte werden mit einem Knoten begonnen, bei sehr dünnen Stoffen sind jedoch zwei übereinander liegende Rückstiche geeigneter (siehe Seite 45).

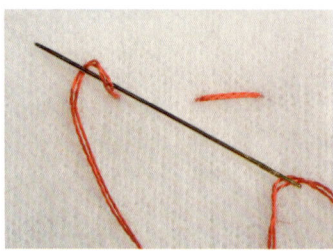

Nahtende

Auch das Fadenende wird mit einem Knoten gesichert. Dafür eine Schlaufe über die Nadel legen und diese durchziehen, so dass ein Knoten entsteht. Alternativ ein bis zwei kleine Rückstiche arbeiten (siehe Seite 45). Das überstehende Fadenende abschneiden.

Durchschlagstich

Das Durchschlagen ist eine sehr präzise Methode, um Schnittkonturen und Markierungen gleichzeitig auf rechte und linke Seiten von zwei oder mehreren Stoffteilen zu übertragen.

Tipp
Je nach Stoffqualität ist zum Durchschlagen das dickere, raue Reihgarn, auch Heftzwirn genannt, erforderlich, weil es nicht so schnell aus dem Stoff herausrutscht. Für dünne und empfindliche Stoffe Nähgarn und eine dünne Nadel verwenden.

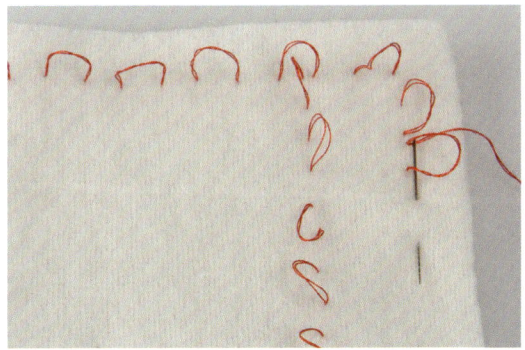 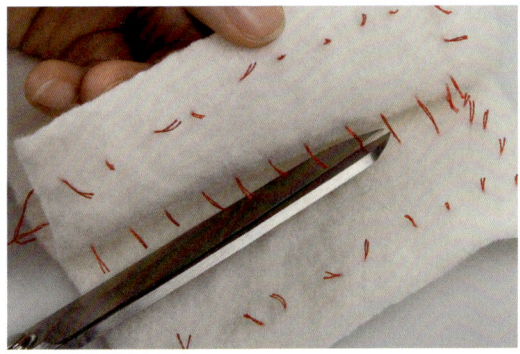

1 Zunächst den Schnitt wie bei doppelter Stofflage übertragen (siehe Seite 30). Statt die zuerst kopierten Linien ein weiteres Mal nachzurädeln, werden nun entlang dieser Linien mit doppeltem Faden Stiche durch alle Stofflagen genäht. Dafür eine gut sichtbare Garnfarbe wählen und wie beim Heftstich (siehe Seite 44) einmal von oben nach unten und ein Stück weiter von unten nach oben durch den Stoff stechen. An geraden Linien normale, in Rundungen kürzere Stiche arbeiten. Dabei den Faden nicht straffziehen, sondern auf der Oberseite je nach Stoffdicke ca. 1,5-2,5 cm hohe Schlingen stehen lassen.

2 Die Stofflagen vorsichtig auseinander ziehen und die Fäden dazwischen durchschneiden, so dass in jeder Lage Garnfransen hängen bleiben. Nun sind alle Stofflagen auf beiden Seiten markiert. Nach dem Heften der Stoffteile die Fransen eventuell mithilfe einer kleinen Pinzette entfernen.

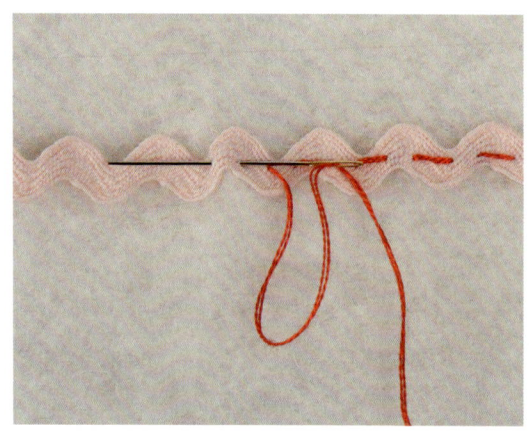

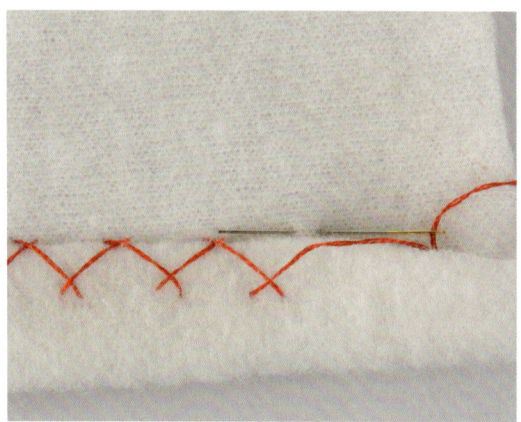

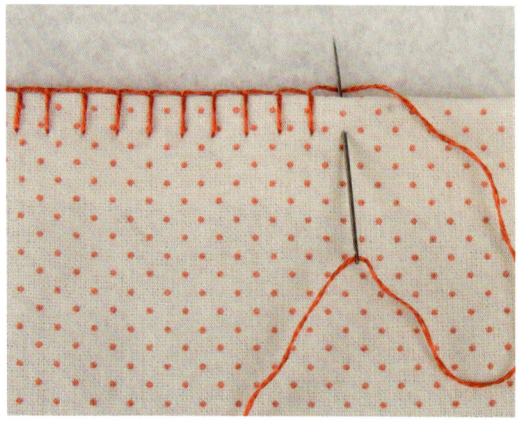

Heft-/Vorstich

Zum Heften einen speziellen Heftfaden in eine große Handnähnadel einfädeln. Die Nadel wird wie beim Weben gleichmäßig einmal von oben nach unten und dann ein Stück weiter von unten nach oben durch den Stoff gestochen. Heftstiche sind in der Regel ca. 5-10 mm lang, die Zwischenräume meist kürzer. Der Stich kann aber auch auf beiden Stoffseiten gleich lang sein. Wenn die Heftnaht nicht mehr gebraucht wird, lässt sich der Faden leicht wieder heraus ziehen. Der Vorstich wird wie der Heftstich genäht, die Stiche sind jedoch kürzer. Er eignet sich zum Kräuseln (ohne Sichern von Nahtanfang und -ende), zur Betonung von Konturen, oder, mit Stickgarn gearbeitet, als Zierstich für Kanten und Bordüren.

Hexenstich

Der Hexenstich wird häufig zum Aufnähen von Bordüren sowie Zacken- und Bogenlitzen mit Stickgarn verwendet. Bei dicken und elastischen Stoffen kann mit diesem Stich auch der Saum schnell befestigt werden, dabei wird von links nach rechts über die Kante gearbeitet. Die kurzen Vorstiche, je nach Stoffstärke 2-4 mm lang, parallel zur Kante und gegen die Nährichtung jeweils oben und unten schräg versetzt arbeiten. Den Faden nicht zu fest anziehen.

Langettenstich

Der Langettenstich, auch Feston- oder Schlingstich genannt, eignet sich zum dekorativen Einfassen von Schnittkanten und wird gerne angewendet, um Applikationen oder Bänder aufzunähen. Die Nadel einige Millimeter von der Kante entfernt in den Stoff stechen und rechtwinklig zur Kante führen. Den Faden unterhalb der Kante halten und die Nadel über dem Faden durchführen, so dass sich beim Herausziehen eine Schlinge bildet. Den Faden so anziehen, dass er an der Schnittkante anliegt. Fortlaufend wiederholen. Die Einfassung wirkt abwechslungsreicher, wenn jeder zweite Stich kürzer gearbeitet wird.

Rückstich

Mit dem Rückstich gelingt eine stabile Handnaht. Er wird häufig für Konturen und Linien verwendet. Auf der Rückseite sind die Stiche doppelt so lang wie auf der Vorderseite. Von unten nach oben durch den Stoff stechen. Die Nadel eine halbe Stichlänge hinter der Ausstichstelle in den Stoff einstechen und eine halbe Stichlänge vor der Ausstichstelle wieder nach oben führen. Ab jetzt ist die Einstichstelle beim Zurückstechen immer die Ausstichstelle des vorherigen Stiches. Fortlaufend wiederholen.

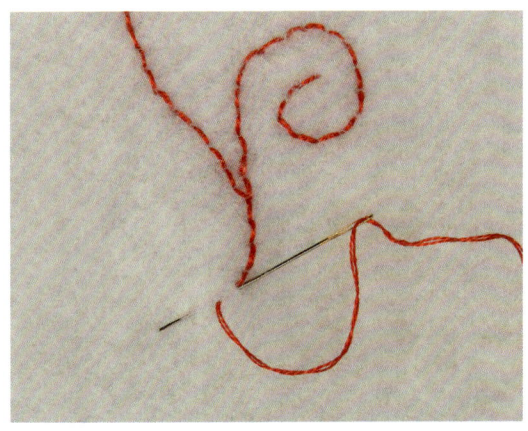

Staffierstich

Der Staffierstich ist bei Verwendung eines Fadens Ton-in-Ton kaum sichtbar und eignet sich daher besonders gut zum Zusammennähen von zwei eingeschlagenen Stoffkanten, z. B. an einer offenen Nahtstelle, die von innen schwer zugänglich ist. In der Bruchkante des gefalteten Stoffes ausstechen, dann die Nadel direkt gegenüber in den Stoff stechen und nach Stichlänge ausstechen. Den nächsten Stich wieder direkt gegenüber in die Bruchkante einstechen, durchführen und ausstechen. Auf diese Weise abwechselnd durch Stoff und Bruchkante arbeiten. Auch eine Applikation kann mit diesem Stich aufgenäht werden.

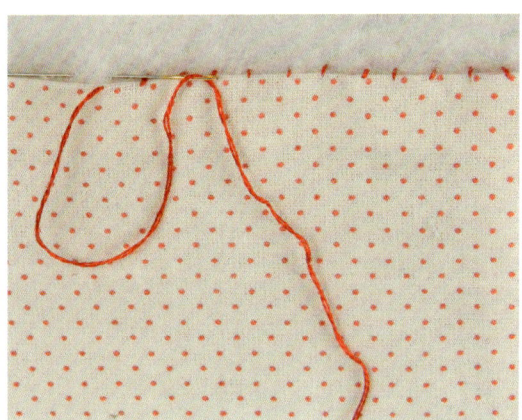

Tipp
Zierstiche müssen nicht völlig akkurat ausgeführt werden. Kleine Unregelmäßigkeiten verleihen der Stickerei ihren ganz eigenen, verspielten Charme.

Spezielle Nähtechniken

Mit den bisher gezeigten Grundlagen können schon viele wunderschöne Dinge geschaffen werden. Für manche Näharbeiten benötigt man jedoch speziellere Nähtechniken. Es lohnt sich, auch diese Techniken zu erlernen, denn kleine Details wie Rüschen oder Taschen geben einem Modell oft noch das gewisse Etwas.

Rüschen

Tipp
Im Handumdrehen erhalten Sie hübsche Rüschen, wenn Sie fertiges Band in der gewünschten Breite verwenden: Einfach einkräuseln und aufnähen. Egal ob aus Satin, Rips oder Samt, die romantische Verzierung ist ein schöner Blickfang.

Rüschen sind lange, gerade Stoffstreifen, die durch Einkräuseln bzw. Einreihen auf eine gewünschte Weite zusammengerafft werden. Je nachdem, wie stark der Kräuseleffekt ausfallen soll, muss der Streifen anderthalbfach bis doppelt so lang sein wie die Kante, die mit der Rüsche verziert wird. Für längere Rüschen kann es erforderlich sein, mehrere Streifen aneinander zu nähen. Rüschen können je nach Wunsch und Verwendungszweck an eine Kante angesetzt oder auf eine Näharbeit aufgesetzt werden.

Angesetzte Rüschen

1 Für eine angesetzte Rüsche den Stoffstreifen in der anderthalbfachen bis doppelten Länge der späteren Rüsche und mit 2 cm Nahtzugabe zuschneiden. Die Breite muss die doppelte Breite der späteren Rüsche plus Nahtzugaben an den Längsseiten betragen. Soll eine Rüsche später z. B. 10 cm lang und 3 cm breit werden, so muss ein Stoffstreifen von 17-22 cm Länge und 8 cm Breite (2x 3 cm fertige Breite + 1 cm Nahtzugabe an jeder Längsseite) zugeschnitten werden. Wenn die Schmalseiten der Rüsche später am fertigen Modell zu sehen sind, den Streifen längs rechts auf rechts zur Hälfte legen, dann die Schmalseiten aufeinander stecken und zusammennähen. Die Nahtzugaben an den unteren Ecken schräg abschneiden.

2 Den Streifen wenden (siehe Seite 52) und die Kanten bügeln. Bei sehr langen Streifen ist es hilfreich, sowohl an der Rüsche als auch an der Stoffkante, an die sie angesetzt werden soll, mehrere gleichgroße Abschnitte abzumessen und kleine Markierungen anzubringen. So können die beiden Teile später genau aufeinander befestigt werden und die Rüsche wird gleichmäßig eingekräuselt. An der Nähmaschine den Geradstich und die größte Stichlänge (4-6 mm) einstellen und die Oberfadenspannung etwas lockern. Die jetzt noch offene Seite der Rüsche ist die obere Kante, die später gerafft wird. Zum so genannten Einkräuseln oder Einreihen nun an dieser Kante je einmal rechts und links neben der späteren Nahtlinie paralle nähen, dabei die Naht an Anfang

und Ende nicht sichern. Rüsche und Kante nun jeweils an den Markierungspunkten rechts auf rechts aufeinander stecken, der restliche Teil der Rüsche muss zum Einreihen frei bleiben.

3 Die Unterfäden der Einkräuselnähte festhalten und den Stoff gleichmäßig verteilt auf die erforderliche Weite zusammenschieben. Falls nötig, die Fadenenden zum Fixieren um die äußeren Stecknadeln wickeln. Danach die Rüsche auf der Nahtlinie zwischen den Einkräuselnähten an der Näharbeit feststeppen. Die von rechts sichtbaren Einreihfäden entfernen, dafür den Unterfaden heraus ziehen. Die Rüsche aufklappen, die Nahtzugaben zusammen versäubern und, falls gewünscht, von rechts schmalkantig absteppen.

Aufgesetzte Rüschen

1 Für aufgesetzte Rüschen einen Stoffstreifen in der anderthalbfachen bis doppelten Länge und doppelten Breite der fertigen Rüsche mit Nahtzugaben an allen vier Seiten zuschneiden. Den Streifen längs rechts auf rechts zur Hälfte legen, die Längsseiten aufeinander stecken und zusammensteppen.

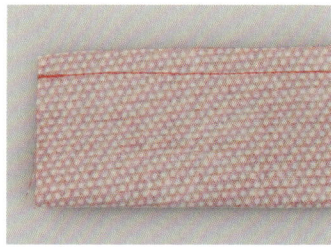

2 Die Naht so verschieben, dass sie in der Mitte einer Längsseite liegt und die Zugaben auseinander bügeln.

3 Eine Schmalseite zusammensteppen und die Ecken der Nahtzugaben schräg abschneiden.

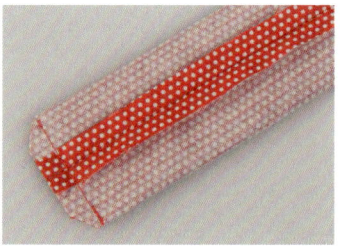

4 Den Streifen wenden (siehe Seite 52). An der offenen Schmalseite die Nahtzugaben nach innen einschlagen und die Öffnung von Hand unsichtbar schließen (siehe Seite 45 „Staffierstich").

5 An der Nähmaschine den Geradstich und die größte Stichlänge (4-6 mm) einstellen und die Oberfadenspannung etwas lockern. Nun je einmal rechts und links neben der Naht in der Mitte der Längsseite entlang nähen, dabei die Naht an Anfang und Ende nicht sichern.

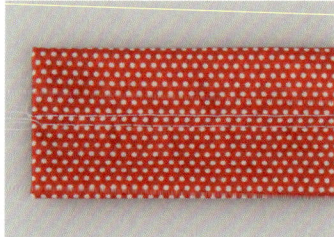

6 Die Unterfäden der Rüsche festhalten und den Stoff auf die erforderliche Weite zusammenschieben.

7 Die fertige Rüsche mit der Rückseite (= Seite, auf der die mittlere Naht zu sehen ist) auf die rechte Seite des gewünschten Untergrunds nähen, eventuell ein Band mitfassen. Dafür zwischen den Einreihnähten entlang steppen und anschließend die Reihfäden entfernen.

Tipp

Rüschen können statt aus einer doppelten Stofflage auch nur aus einfacher Lage bestehen. Dafür einen Streifen in der gewünschten Länge und Breite zuschneiden und je nach Versäuberungsart Nahtzugaben berücksichtigen. Zum Ansetzen müssen Sie eine, zum Aufsetzen beide Längsseiten versäubern. Dafür die Kanten entweder abkurbeln oder einen schmalen Saum arbeiten (siehe ab Seite 40 „Abgekurbelter Saum" und „Einfacher und doppelter Saum").

Knopfloch und Knopf

Maschinenknopfloch

Ein Knopfloch sollte etwa 2 mm länger sein als der Durchmesser des Knopfes. Es besteht aus zwei Längsnähten in Raupenstichen, das sind sehr enge Zickzackstiche, und zwei Querriegeln an den Enden. Die Stichlänge für die Riegel ist immer doppelt so lang wie für die Raupen. Eventuell muss die Oberfadenspannung etwas verringert werden.

1 Länge und Lage des Knopfloches auf die rechte Stoffseite zeichnen. Einen 2-3 mm breiten, dichten Zickzackstich einstellen. Per Handrad die Maschinennadel in die linke Position bringen und links, am Beginn der ersten Längsraupe, in den Stoff führen. Nun die erste Raupe in der entsprechenden Länge nähen. Am Ende der Raupe die Nadel rechts im Stoff belassen.

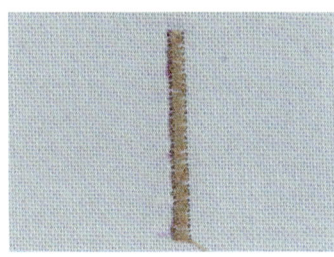

2 Den Nähfuß anheben, den Stoff um 90° drehen und den Nähfuß wieder senken. Die Nadel in die obere Position bringen, die Stichbreite verdoppeln und für den Querriegel 4-6 Stiche nähen. Links stoppen und die Nadel im Stoff belassen.

3 Den Stoff nochmals um 90° drehen, die Nadel in die obere Position bringen und die Stichbreite erneut auf 2-3 mm einstellen. Die zweite Längsraupe dicht neben der ersten nähen, dabei aber darauf achten, dass sich die Stiche der beiden Raupen nicht überschneiden. Am Ende links stoppen und die Nadel im Stoff belassen.

4 Den Stoff erneut drehen und die Nadel anheben. Wieder die doppelte Stichbreite einstellen

und den zweiten Querriegel nähen. Dann die Stichbreite auf 0 stellen und zum Sichern von Anfangs- und Endfaden einige Stiche auf der Stelle nähen. Alle Fäden auf die linke Seite ziehen und vernähen.

5 Innerhalb des Knopfloches vor die Riegel zum Schutz je eine Stecknadel stecken und das Knopfloch mit einer spitzen, kleinen Schere oder dem Nahttrenner aufschneiden. Die Stecknadeln entfernen.

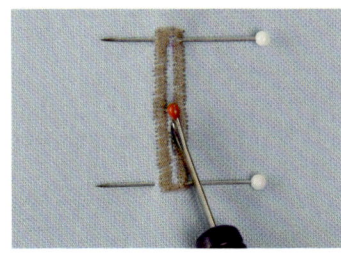

Knöpfe annähen

Sorgfältig ausgesuchte Knöpfe können einem Nähmodell interessante Akzente verleihen. Sie können mit der Hand oder der Nähmaschine befestigt werden. Vor dem Aufnähen sollten die Knöpfe probeweise aufgelegt und ihre Position markiert werden.
Flache Durchnähknöpfe mit 2-4 Löchern, die leicht auf- und zuknöpfbar sein müssen, sollten mit einem Fadensteg bzw. Stiel gearbeitet werden. Bei Stegknöpfen ist dies nicht erforderlich, da die Öse auf der Rückseite bereits als Abstandhalter dient. Reine Zierknöpfe können ganz flach aufgenäht werden.

Von Hand

1 Den Nähfaden in die Handnähnadel einfädeln, bis zur Hälfte durchziehen und beide Enden miteinander verknoten. Die Nadel von rechts durch den Stoff stechen und den Faden bis zum Knoten durchziehen. Dann 2-3 mm daneben wieder von unten nach oben ausstechen, die Nadel durch den Knopf führen und durch das zweite Loch zurück stechen.
Wird ein Steg benötigt, ein Streichholz oder einen Zahnstocher als Abstandhalter zwischen den Löchern auflegen, bevor der Faden angezogen wird. Einige weitere Stiche nähen, dann die Nadel zwischen Stoff und Knopf ausstechen.

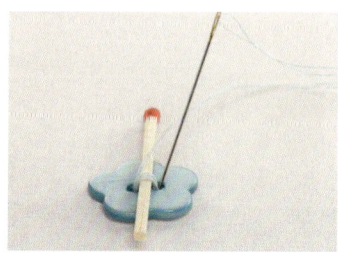

2 Den Abstandhalter entfernen und die Fäden zwischen Knopf und Stoff dicht mit dem Faden umwickeln, um den Steg zu stabilisieren. Das Fadenende zum Sichern durch den Stiel nach oben ziehen und abschneiden.

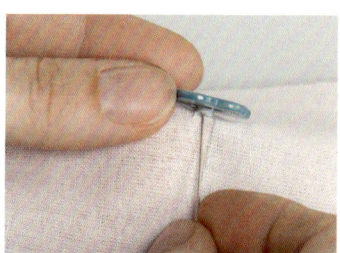

Mit der Maschine

Den Knopfannähfuß einsetzen und den Zickzackstich mit Stichlänge 0 einstellen. Beim Knopf den Abstand von Lochmitte zu Lochmitte exakt ausmessen und die Stichbreite entsprechend einstellen. Die Nadel in die linke Position bringen und per Handrad durch das linke Knopfloch stechen. Den Fuß absenken und einige Stiche in beide Löcher

nähen. Zuletzt die Stichbreite auf 0 stellen und zum Sichern der Fäden einige Stiche in das gleiche Loch nähen. Den Oberfaden zur Rückseite führen, mit dem Unterfaden verknoten und die Enden abschneiden.

Auch hier kann ein Abstandhalter aufgelegt werden. Diesen nach dem Annähen des Knopfes entfernen und Ober- und Unterfaden ca. 15-20 cm lang abschneiden. Beide in eine Handnähnadel einführen, den Steg zwischen Knopf und Stoff fest umwickeln und die Fäden zum Sichern nach oben durchziehen.

Tipp
Damit Knöpfe und Knopflöcher später auch perfekt zusammenpassen, können Sie die richtige Position der Knöpfe wie folgt ermitteln: Die Verschlusskante mit den Knopflöchern links auf rechts auf die Knopfleiste legen. Eine Stecknadel mittig durch jedes Loch stecken und die Einstichstelle mit Schneiderkreide oder Trickmarker einzeichnen.

Tipp
Ein spezieller Knopfannähfuß macht das Anbringen von Knöpfen bequemer, ist aber nicht unbedingt erforderlich. Knöpfe können auch mit dem normalen Fuß oder ganz ohne Fuß nur mit den Stegen des Nähfußhalters in Position gehalten werden. Dazu den Stoff mit dem Knopf unterlegen, per Handrad die Nadel durch das linke Knopfloch einstechen und den Nähfußhalter absenken.

Stoffstreifen wenden

Schmale Stoffstreifen oder -schläuche, wie z. B. Taschenhenkel, Bindebänder und Vorhangschlaufen, müssen nach dem Aufeinandersteppen der langen Seiten gewendet werden. Werden später beide Enden des Streifens in eine Naht eingefasst, müssen die Nahtzugaben an den Schmalseiten zuvor nicht zusammengenäht werden.

1 Zwei Streifen in beliebiger Breite und mit 7 mm breiten Nahtzugaben auf die linke Stoffseite zeichnen. Falls gewünscht, an einer Schmalseite mithilfe des Geodreiecks eine Spitze aufzeichnen. Die Teile ausschneiden. Für eine leichte Wattierung einen Streifen mit gleichen Maßen aus Volumenvlies H 630 zuschneiden.

2 Den Vliesstreifen auf die Rückseite eines der beiden Stoffstreifen legen und bei mittlerer Temperatur und mit Dampf aufbügeln. An jeder Stelle das Bügeleisen ca. 15 Sekunden aufdrücken. Die Stoffstreifen rechts auf rechts aufeinander legen und mit Stecknadeln zusammenstecken.

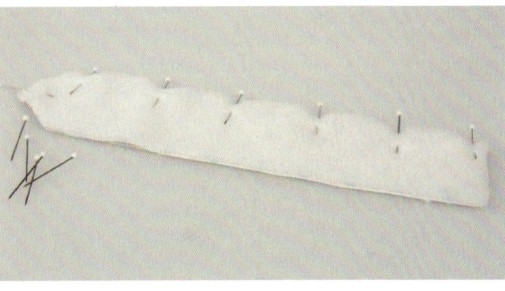

3 Den Streifen entlang der Längsseiten und einer Schmalseite bzw. der Spitze füßchenbreit zusammensteppen. Die Nahtzugaben aus- bzw. schräg abschneiden (siehe Foto).

4 Die Wendenadel in den Streifen schieben, am anderen Stoffende einhaken und das Häkchen schließen.

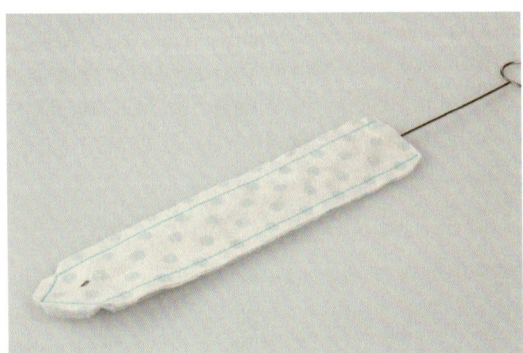

5 Dann die Nadel durch den Stoff zurück ziehen und so den Streifen wenden.

6 Den Streifen glatt bügeln. Dabei darauf achten, dass die Nähte genau an den Kanten liegen. Falls gewünscht, die geschlossenen Kanten absteppen.

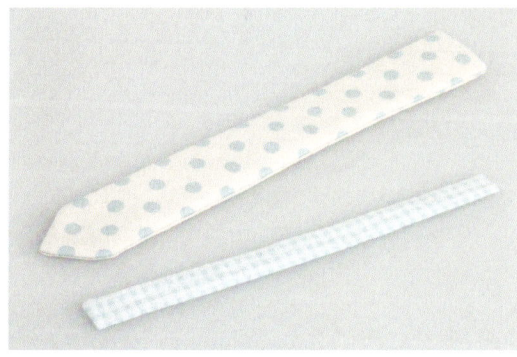

Wende-Set

Mit einem Wende-Set können auch sehr schmale Streifen einfach und schnell gewendet werden. Das Set beinhaltet drei Plastikröhren in verschiedenen Größen mit jeweils passendem Holz- oder Metallstab. Mit der kleinen Röhre lassen sich Breiten von 9,5-16 mm wenden, mit der mittleren Röhre Breiten von 19-25 mm und mit der großen Röhre Breiten ab 25 mm.

1 Eine Schmalseite des Stoffstreifens und die Längsseiten schließen.

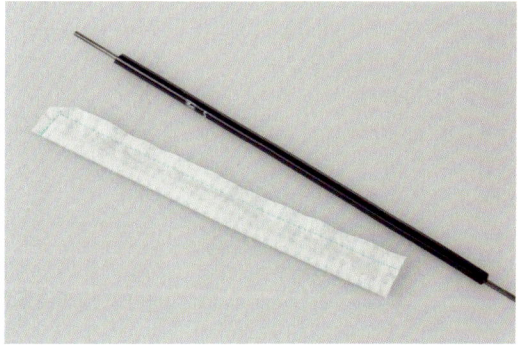

2 Die passende Plastikröhre in den Streifen schieben. Den Stab an der geschlossenen Schmalseite ansetzen, so dass er auf die innen liegende Röhrenöffnung trifft. Nun den Stab durch die Röhre schieben und dabei den Stoffstreifen wenden.

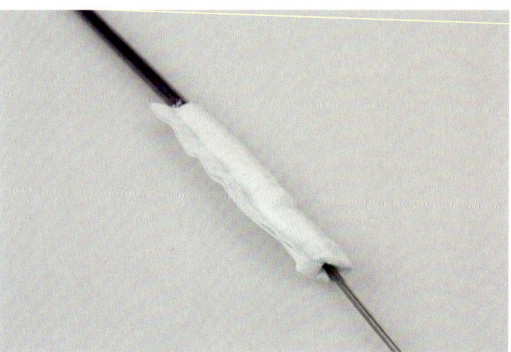

Tipp

Haben Sie keine speziellen Wendeutensilien zur Hand, können Sie auch eine Sicherheitsnadel verwenden. Nach dem Nähen des Streifens die Fäden lang abschneiden. Ein Fadenende durch die Sicherheitsnadel fädeln, dann beide Enden fest zusammenknoten. Die Nadel durch den Streifen schieben und ihn so wenden.

Applizieren

Applikationen sind fertig gekaufte oder selbst gemachte Stoffmotive, die mit der Maschine oder von Hand, z. B. mit Langettenstichen, auf Näharbeiten aufgenäht werden. Sie eignen sich hervorragend zur Dekoration oder zum hübschen Kaschieren defekter Stellen. Besonders schnell und einfach geht das Applizieren mit Vliesofix-Haftvlies, das zwei Stoffe durch Bügeln miteinander verbindet. So können ein Verrutschen des Motivs beim Aufnähen sowie Faltenbildung verhindert werden. Das Motiv kann zuvor auf die spezielle Papierbeschichtung des Haftvlieses übertragen werden. Es ist empfehlenswert, beim Bügeln ein dünnes Tuch oder Backpapier zwischen Vliesofix und Bügeleisen zu legen, damit nichts am Eisen haften bleibt.

1 Das Muster auf die Vliesofix-Papierseite legen und, falls nicht anders angegeben, mit Bleistift oder Kugelschreiber ohne Nahtzugabe übertragen. Bei asymmetrischen Motiven, wie z. B. bestimmten Buchstaben und Zahlen, darauf achten, dass sie spiegelverkehrt aufgezeichnet werden, damit sie später richtig erscheinen. Das Motiv großzügig ausschneiden und mit der rauen Klebeseite auf die linke Seite des Applikationsstoffes legen. Dabei den Fadenlauf beachten. Nun das Motiv mit mittlerer Temperatur ca. 5 Sekunden trocken aufbügeln und abkühlen lassen.

2 Dann das Motiv exakt entlang der Außenkonturen ausschneiden und die Papierschicht vom Vliesofix abziehen.

3 Nun das Motiv umdrehen und mit der beschichteten Fläche nach unten auf den gewünschten Stoffuntergrund legen. Bei niedriger bis mittlerer Temperatur und mit Dampf ca. 10 Sekunden aufbügeln. Das Bügeleisen dabei nicht schieben, sondern immer wieder abheben und schrittweise aufdrücken.

4 Das Motiv entlang der Schnittkanten mit einem kleinen und eng eingestellten Zickzackstich aufnähen und darauf achten, dass die Kanten gleichmäßig schön umschlossen und überdeckt werden. Zum Sichern der Naht keine Rückstiche nähen, sondern den Oberfaden auf die Rückseite ziehen und mit dem Unterfaden verknoten.

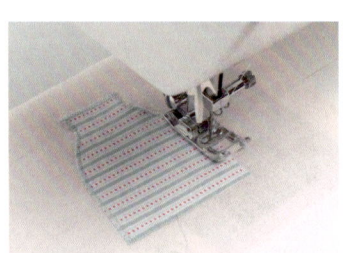

Stoffteile verstürzen

Die Technik des Verstürzens benötigt man, wenn zwei gleiche Stoffteile später rundherum ohne eine Öffnung zusammengenäht sein sollen. Die Kanten können hierbei mit dehnbaren Bändern wie Paspeln, Schrägbändern oder Zackenlitzen betont werden.

1 Zwei Stoffteile zuschneiden und eine Wendeöffnung auf der Nahtzugabe markieren. Sollen schmale Bänder oder Zackenlitzen als Kantenverzierung dienen, muss die Nahtlinie auf die rechte Seite eines der beiden Stoffteile übertragen werden, damit die Verzierung beim Nähen auch mitgefasst wird. Bei breiten Bändern kann stattdessen eine Längskante bündig zur Schnittkante aufgesteckt werden.

2 Die Verzierung ringsum entlang der Nahtlinie auf die rechte Seite eines Stoffteils aufstecken. Benötigt das fertige Modell einen Aufhänger, kann dieser gleich an der Oberseite mitgefasst werden. Das Band oder die Zackenlitze rechts knapp neben der Nahtlinie auf die Nahtzugabe heften und aufnähen.

3 Beide Stoffteile rechts auf rechts aufeinander legen und feststecken. Die Teile bis auf die markierte Wendeöffnung ringsum zusammensteppen, nun jedoch links neben der ersten Naht, so dass diese auf der rechten Seite nicht sichtbar ist. Unnötige Nahtzugaben auf ca. 3-7 mm Breite zurückschneiden. An der Öffnung sollten jedoch mindestens 7 mm Zugabe bleiben. Nun die Zugaben schräg abschneiden, einkerben oder einschneiden (siehe Seite 38).

4 Das Stoffteil durch die Öffnung wenden, die Nahtränder nach außen ziehen und Ecken und Rundungen in Form bringen. Die Kanten bügeln, dabei darauf achten, dass die Naht genau dazwischen liegt.

5 Die Form nun eventuell füllen und die Öffnung von Hand z. B. mit Staffierstichen schließen (siehe Seite 45).

Tipp
Nach dem Wenden sind genähte Ecken meist stumpf. Mit Hilfsmitteln, wie einer dicken Stricknadel oder einer Durchziehnadel, können sie vorsichtig von innen nach außen geschoben und so in Form gebracht werden. Die Spitze des hierfür verwendeten Werkzeugs sollte stark abgerundet oder kugelförmig sein, um ein versehentliches Durchstoßen der Ecken zu vermeiden. Sehr handlich und effektiv ist ein spezieller Ecken- und Kantenformer (siehe Seite 16 „Nützliche Utensilien").

Tipp
Besonders plastisch wirkt eine Näharbeit, wenn sie vor dem Schließen der Öffnung gefüllt wird. Dafür eignen sich z.B. Füllwatte, Styroporkügelchen oder Dinkelspelzen. Einen angenehmen Duft verbreiten getrocknete Blüten und Kräuter.

Tunnelzug

Tipp
Ein Beutel mit Tunnelzug kann in jeder beliebigen Größe mit einer Rand- bzw. Rüschenbreite nach Wunsch genäht werden. Dazu die Stoffbreite für den Tunnelzug wie beschrieben berechnen und die gewünschte Breite für den unteren Beutelteil hinzu addieren. Die Maße für Vorder- und Rückseite des Beutels auf den Stoff übertragen, Teile ausschneiden und zusammennähen.

Mit einem eingearbeiteten Tunnelzug lässt sich die Weite eines genähten Teiles schnell und praktisch auf eine gewünschte Breite zusammen und wieder auseinander schieben. Er kann z. B. an Beuteln auch als Verschluss dienen. Beim Zusammenziehen bildet der obere Rand dann eine hübsche Rüsche. Größere Stoffreste können prima zum Herstellen von Beuteln in verschiedenen Größen, Formen und Farben verwertet werden. Sie sind sehr nützlich zum Aufbewahren von allerlei Dingen und eignen sich auch als schöne Verpackung für Geschenke.

Ein Tunnelzug wird wie folgt gearbeitet:

1 Zuerst müssen die gewünschte Breite des Randes über dem Tunnelzug und die Breite des Tunnels selbst festgelegt werden. Die benötigte Stoffbreite kann dann wie folgt berechnet werden: Zweimal die Randbreite, zweimal die Tunnelbreite und 1 cm zusätzlich für den Einschlag addieren. Nun parallel zur Oberkante eine Linie im Abstand von 2 cm und eine weitere im Abstand der gesamten eben berechneten Breite anzeichnen. Zusätzlich eine Linie mit kurzen Strichen im Abstand der Tunnelbreite über der zweiten Linie markieren.

Ein Beispiel: Der hier abgebildete Beutel hat eine fertige Randbreite von 4,5 cm und einen 1,5 cm breiten Tunnel. Der Tunnelzug benötigt also 13 cm Stoff. Die durchgezogenen Linien werden hier bei 2 cm und 13 cm, die kurzen Striche bei 11,5 cm gesetzt. Zwischen den letzten beiden Linien bleibt später der Tunnelzug offen.

2 Nun alle Seitennähte bis auf die Tunnelöffnung schließen. Dann die obere Schnittkante zuerst 1 cm bis zur ersten Linie, dann nochmals bis zur zweiten durchgezogenen Linie nach links umbügeln und knappkantig feststeppen. Nun für den Tunnel eine Parallelnaht im Abstand der Tunnelbreite zur untersten Linie nach oben versetzt von rechts steppen.

3 Mit einer Sicherheits- oder Gummidurchziehnadel eine Kordel durch den Tunnelzug ziehen.

Aufgesetzte Taschen

Taschen sind nicht nur praktisch, sie können je nach Verarbeitung auch optische Akzente setzen. Eine Tasche aus einfacher Stofflage ist schnell genäht und macht Kleidungsstücke oder Wohnaccessoires noch dekorativer.

Eckige Tasche

1 Eine Tasche in der gewünschten Größe zuschneiden. Dabei an der Oberseite ca. 1,5-3 cm und an den übrigen Kanten 1 cm Nahtzugabe berücksichtigen. Die Schnittkanten rundherum versäubern. Die obere Zugabe nach rechts umlegen und an den seitlichen Stoffkanten mit 1 cm Nahtzugabe zusammennähen. Die Ecken schräg abschneiden.

2 Den oberen Teil der Tasche wenden und, falls gewünscht, die umgeschlagene obere Kante noch einmal von der Vorderseite absteppen. Die übrigen Zugaben nach links umlegen und festheften. Die fertige Tasche an der entsprechenden Stelle des Modells aufstecken, dabei die Oberkante für den

Eingriff etwas locker lassen, so dass sie eine leichte Wölbung bildet. Dann festheften und schmalkantig aufsteppen.

Abgerundete Tasche

Eine abgerundete Tasche wird wie eine eckige Tasche gearbeitet. Um jedoch schöne Rundungen zu erhalten, sollte zunächst entsprechend dem Schnittmuster eine Taschenschablone ohne Zugaben aus dünner Pappe angefertigt werden. Die Tasche mit Nahtzugaben aus dem Stoff ausschneiden und die obere Kante wie beschrieben verarbeiten. Dann entlang der Rundungen dicht neben der Schnittkante jeweils lange Stiche (4-6 mm) steppen, dabei die Fäden nicht sichern. Nun die Schablone auf die linke

Seite der Tasche legen. Die Unterfäden der Einkräuselnaht festhalten und die Nahtzugaben zusammenschieben, bis sie flach auf der Schablone liegen. Die Fäden verknoten und die Schablone entfernen. Zuletzt die Tasche bügeln, dann an der entsprechenden Stelle aufstecken und festnähen.

Tipp

Aufgesetzte Taschen können auch verstürzt werden, was besonders für abgerundete Formen praktisch ist (siehe Seite 55). Dafür zwei gleichgroße Stoffteile mit Nahtzugaben zuschneiden. Teile rechts auf rechts bis auf eine Wendeöffnung an einer geraden Seite zusammennähen. Die Tasche wenden, bügeln und die Öffnung zunähen, dann an der gewünschten Stelle aufsteppen.

Reißverschluss

Reißverschlüsse sind eine praktische Verschlusslösung für Schlitzöffnungen an Näharbeiten. Die einfachste Arbeitsweise ist hierbei ein beidseitig verdeckter Reißverschluss, bei dem die Einsteppnaht auf der rechten Stoffseite sichtbar ist. Diese Methode wird häufig bei Kissen und Taschen angewendet. Hierfür sind Reißverschlüsse mit Kunststoffspirale empfehlenswert, da sie biegsamer sind als solche mit Zähnchen. Beim Einarbeiten eines Reißverschlusses ist es wichtig, dass die Länge von Schlitzöffnung und Spirale oder Zähnchenreihe des Reißverschlusses übereinstimmt, damit er später tadellos sitzt und funktioniert. Werden Reißverschlüsse mit Baumwollband verwendet, sollten diese vorgewaschen werden, um ein späteres Einlaufen zu verhindern. Bei leichten und dehnbaren Stoffen erleichtert es das Einnähen, wenn zuerst die Nahtzugaben mit einer leichten Bügeleinlage verstärkt werden.

Tipp

Um die Schlitzkanten für den Reißverschluss exakt vorzubereiten, können Sie die Nahtzugaben entlang der Nahtlinie heften oder mit dem längsten Geradstich zunähen. Dann die Nahtzugaben auseinander bügeln, den Schlitz wieder auftrennen und den Reißverschluss einheften.

Reißverschluss einnähen

1 An der Schlitzöffnung die Nahtzugaben versäubern, eventuell verstärken und nach links umbügeln. Den Stoff wenden.

2 Nun den Reißverschluss in den Schlitz legen und an den Schlitzseiten mit Stecknadeln so unter die Stoffkanten stecken, dass die Spirale oder Zähnchenreihe nicht sichtbar ist. Die beiden Stoffkanten sollten genau in der Mitte über der Spirale oder Zähnchenreihe zusammenstoßen. Hilfreich können dabei schmale, transparente Klebestreifen sein, die auf der rechten Seite längs auf die Kanten geklebt werden und diese so in Position halten. Oben an der Reißverschlussöffnung muss der Gleiter etwas unterhalb der Nahtlinie sitzen, am unteren Ende ist das Endteil der Spirale bzw. der untere Stopper von der Naht verdeckt. Den Reißverschluss einheften und die Klebestreifen entfernen.

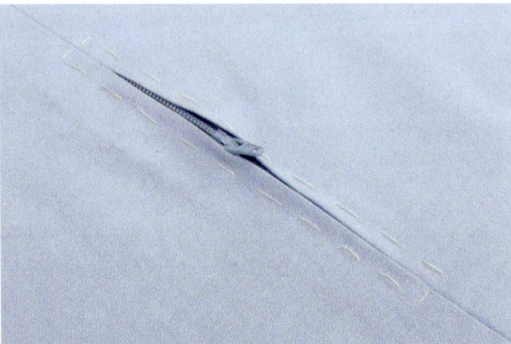

3 An der Nähmaschine den Reißverschlussfuß einsetzen. Zum Nähen der linken Reißverschlussseite muss der Fuß rechts im Nähfußhalter eingerastet sein, so dass die Nadel rechts vom Fuß einsticht. Den Reißverschluss öffnen. Oben an der linken Schlitzkante mit der kurzen Quernahthälfte beginnen, dann den Stoff um 90° drehen und dabei die Nadel im Stoff lassen. Nun so dicht neben der Schlitzkante entlang steppen, wie es die Breite der Spirale oder Zähnchenreihe zulässt. Einige Zentimeter vor dem Bandende stoppen, dabei die Nadel im Stoff lassen. Den Nähfuß anheben und den Reißverschluss schließen. Den Nähfuß wieder senken und bis zum Bandende steppen.

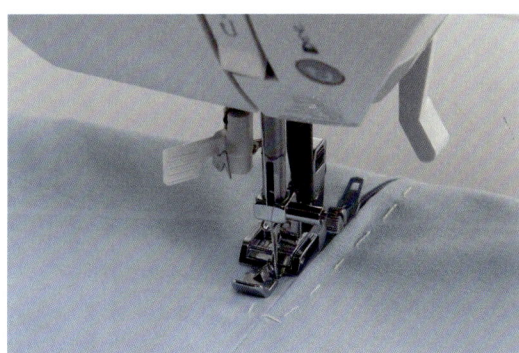

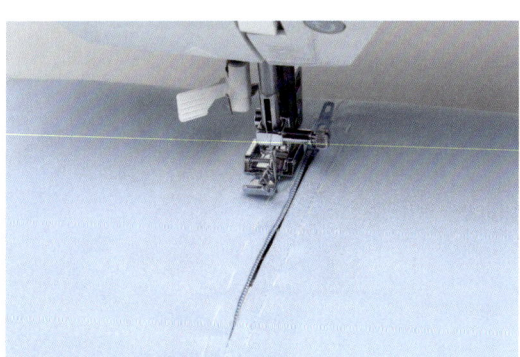

4 Den Stoff um 90° drehen und die kurze Quernaht steppen. Den Stoff erneut um 90° drehen und einige Zentimeter nähen, dann den Reißverschluss wieder öffnen. Im gleichen Abstand zur Schlitzkante die rechte Reißverschlussseite bis zum oberen Ende einnähen und die Quernaht vervollständigen. Zuletzt den Heftfaden entfernen.

Reißverschluss kürzen

Reißverschlüsse werden in sehr vielen Maßen angeboten, jedoch nicht in allen. Je nach Länge sind sie in 2 cm bis 5 cm-Schritten verfügbar. Sollte ein Reißverschluss in der gewünschten Länge einmal nicht erhältlich sein, kann man längere Reißverschlüsse auch selbst kürzen. Nicht teilbare Verschlüsse werden am unteren Ende gekürzt. Dafür einfach einen Riegel nähen und das überschüssige Ende mit ca. 1,5 cm Abstand zum Riegel abschneiden. Dann den Reißverschluss ganz normal einnähen.

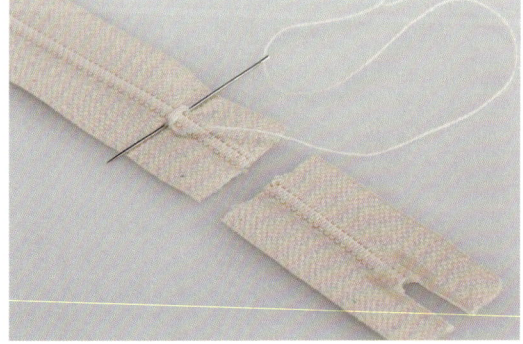

Tipp

Beim Einnähen des Reißverschlusses kann man an den unteren Enden statt des geraden Querriegels auch ein flaches „V" nähen. Besonders bei Ziernähten sieht das sehr hübsch aus.

Nähideen

Auf den folgenden Seiten finden sich Anleitungen für hübsche und praktische Modelle, an denen die im Buch erklärten Techniken kreativ angewendet und kombiniert werden können. Durch Seitenverweise zu den relevanten Techniken ist auch das schnelle Nachschlagen kein Problem.

Haarspange mit Rüschen

Zuschnitt

Den Baumwollstoff einfach legen. Auf die linke Stoffseite einen 20 cm x 10 cm großen Streifen aufzeichnen und ausschneiden. Eine Nahtzugabe von 1 cm ist ringsum bereits enthalten.

Anleitung

Für die Haarspange wird eine aufgesetzte Rüsche gearbeitet. Den Stoffstreifen wie in den Schritten 1-6 beschrieben verarbeiten (siehe Seite 49), dabei nach Schritt 1 die Nahtzugaben der Längsseiten auf 7 mm zurückschneiden. Den Stoffstreifen auf 9 cm einkräuseln. Dann in der Mitte der Längsseite die Zackenlitze aufstecken, so dass auf jeder Seite 1,5 cm über stehen. Diese auf die Unterseite der Rüsche umlegen und einmal längs über die Zackenlitze steppen, um die Rüsche zu fixieren. Die Reihfäden entfernen und die fertige Rüsche von Hand an der Haarspange festnähen.

Bild mit Blumenvase

Zuschnitt

Das Schnittmuster für die Vase vom Bogen auf Papier abpausen und ausschneiden. Beide Baumwollstoffe einfach legen und auf die linke Seite des rosafarbenen Stoffes ein 18 cm x 23 cm großes Rechteck zeichnen und ausschneiden. Die Vase einmal großzügig mit Rand aus Vliesofix zuschneiden.

Anleitung

Das Stoffrechteck hochkant ausrichten, die Vasen-Applikation mit Vliesofix vorbereiten, ca. 5 cm von der unteren Schmalseite entfernt mittig auf das Rechteck bügeln und mit Zickzackstich aufnähen (siehe Seite 54). Die Knöpfe als Blüten anordnen und probeweise auflegen. Die Stängel mit einem Trickmarker aufzeichnen und die Linien mit einem kleinen und eng eingestellten Zickzackstich übernähen. Die Knöpfe aufnähen und, falls gewünscht, für eine besonders plastische Wirkung einen Steg arbeiten (siehe Seite 51). Das Stickgarn in die Sticknadel einfädeln, neben dem Vasenhals einstechen und auf der anderen Va-

senseite wieder ausstechen. An den Garnenden jeweils einen Knoten schlingen, dann eine Schleife binden. Zuletzt das Stoffrechteck mittig auf

dem Keilrahmen platzieren, die Schnittränder nach hinten umlegen und auf der Rückseite festtackern. Dabei den Stoff schön straff spannen.

Größe
10 cm x 15 cm

Material
- **Baumwollstoff in Rosa, ca. 20 cm x 25 cm**
- **Baumwollstoff in Blau-grün gestreift, Rest**
- **Vliesofix Haftvlies, ca. 9 cm x 10 cm**
- **3 Knöpfe in Blütenform, ø 15-20 mm**
- **Keilrahmen, 10 cm x 15 cm x 1,7 cm**
- **Stickgarn in Rot, ca. 20 cm lang**
- **Sticknadel**
- **farblich passendes Nähgarn**
- **dünne Handnähnadel**
- **Möbeltacker**

Schnittmuster auf Bogen B

Sitzkissen mit Pomponborte

Größe

ø 38 cm, Höhe 38 cm

Material

- Baumwollstoffe in Mint mit Rosen (Stoff A), Weiß mit roten Pünktchen (Stoff B), Rosa mit weißen Punkten (Stoff C), Weiß mit roten Streifen (Stoff D) und Rot mit Ornamenten (Stoff E), je ca. 45 cm x 45 cm
- Synthetikjersey, ca. 1,30 m x 0,85 m
- farblich passender Reißverschluss mit Kunststoffspirale, 35 cm lang
- Pomponborte in Mint, 1,25 m lang
- Styropor-Granulat (Kügelchen, ø 3 mm), ca. 650 g
- Handnähnadel
- farblich passendes Nähgarn

Schnittmuster
auf Bogen A

Zuschnitt

Das Schnittmuster für Sitzkissenoberteil und -boden vom Bogen auf Papier abpausen und ausschneiden. Stoffe A und B jeweils doppelt mit einem Bruch legen, das Schnittteil auf der linken Stoffseite feststecken und je einmal aufzeichnen (siehe ab Seite 28). Die übrigen Baumwollstoffe einfach legen und für die Seitenteile Streifen mit folgenden Maßen aufzeichnen: Stoff C 18 cm x 40 cm und 27 cm x 40 cm, Stoff D 15 cm x 40 cm und 28 cm x 40 cm, Stoff E 20 cm x 40 cm und 25 cm x 40 cm.

Für das Innenkissen aus Synthetikjersey je einmal Sitzkissenoberteil und -boden sowie einen Streifen von 1,23 m x 0,40 m zuschneiden. Bei allen Teilen sind ringsum 1 cm, für den Reißverschlussschlitz 2 cm Nahtzugabe enthalten.

Anleitung

Für das Außenkissen werden alle Seitenteile an den Längsseiten aneinander genäht. Zuerst jedoch zwei verschiedenfarbige beliebige Seitenteile rechts auf rechts aufeinander legen und feststecken. Dann die Längsseiten beidseitig mit 2 cm Zugabe so weit zusammennähen, dass mittig 35 cm als Schlitz für den Reißverschluss offen bleiben. Den Reißverschluss einnähen und öffnen (siehe Seite 58).

Nun die Längsseiten der übrigen Seitenteile rechts auf rechts aufeinander legen, feststecken und mit 1 cm Zugabe zusammennähen, dann zum Ring schließen. Dabei darauf achten, dass sich Farben und Breiten gleichmäßig abwechseln. Bevor die Seitenteile zum Ring geschlossen werden, zur Kontrolle nachmessen: Der zusammengesetzte Streifen ist nun 1,21 m lang. Die Nahtzugaben bügeln und jeweils zusammen mit Zickzackstich versäubern.

Das Sitzkissenoberteil und den Boden jeweils rechts auf rechts auf die Seitenteile stecken und mit 1 cm Zugabe annähen. Die Nahtzugaben bügeln und jeweils zusammen versäubern. Das Außenkissen durch den Reißverschluss wenden. Für das Innenkissen beim Jerseystreifen die Schmalseiten rechts auf rechts aufeinander legen, feststecken und mit 2 cm Zugabe zusammennähen, so dass mittig 10 cm als Schlitz offen bleiben. Dann Oberteil und Boden rechts auf rechts auf den Streifen stecken und die Teile jeweils mit 1 cm Zugabe festnähen.

Das Innenkissen wenden und Styroporgranulat, am besten mithilfe eines großen Trichters, einfüllen. Die Öffnung von Hand mit Staffierstichen schließen (siehe Seite 45). Das Innenkissen in das Außenkissen einlegen. Zuletzt die Pomponborte am oberen Rand entlang der Naht feststecken und mit der Handnähnadel und Staffierstichen annähen.

Utensilo

Größe

ca. 34,5 cm x 35 cm
(ohne Bügel)

Material

• beschichtete Baumwoll-
  stoffe mit bunten Mustern
  in Weiß, ca. 45 cm x 75 cm
  und Grün, 20 cm x 55 cm
• Vlieseline Volumenvlies
  H 630, ca. 45 cm x 40 cm
• kariertes Schrägband in
  Weiß-Rosa, gefalzt 2 cm
  breit, ca. 1,20 m lang
• Spitzenband in Weiß,
  15 mm breit, ca. 38 cm
• 3 Wäscheknöpfe in Weiß,
  ø 17 mm
• Kleiderbügel in Weiß,
  42 cm breit
• farblich passendes Nähgarn

Tipp

Die hier verwendeten
beschichteten Baumwollstoffe
haben mehrere praktische
Eigenschaften. Zum einen sind
sie abwaschbar, zum anderen
fransen die Kanten nicht aus
und müssen daher nicht versäubert werden. Beachten Sie
aber, dass diese Stoffe aufgrund ihrer Beschichtung nur
von links gebügelt werden
dürfen!

Zuschnitt

Die Baumwollstoffe jeweils doppelt legen. Folgende Teile aufzeichnen und ausschneiden:
Aus dem weißen Stoff für das
Rückenteil zwei Rechtecke von
36 cm x 42 cm, aus dem grünen
Stoff für die Taschen zwei Rechtecke von 12 cm x 15 cm und zwei
Quadrate von 12 cm x 12 cm.
Aus Vlieseline ein Rechteck von
36 cm x 42 cm zuschneiden. Bei
den Rückenteilen sind ringsum
bereits 7 mm Nahtzugabe, bei
den Taschen an der oberen
Schnittkante 3 cm Saumzugabe
enthalten.

Anleitung

Die Vlieseline auf die linke
Stoffseite eines Rückenteils
legen und bei mittlerer Temperatur und mit Dampf aufbügeln, dafür an jeder Stelle das
Bügeleisen ca. 15 Sekunden
aufdrücken.
Die Rückenteile rechts auf
rechts aufeinander legen und
mit Stecknadeln feststecken,
dabei an der oberen Schmalseite die gerade Kante des Spitzenbandes bündig zwischen
den Schnittkanten mitfassen
(die Zacken liegen innen zwischen den rechten Seiten).
Die Nahtzugaben bis auf eine
Wendeöffnung von ca. 10 cm
am unteren Rand füßchenbreit
zusammennähen und an den
Ecken schräg abschneiden. Das
Teil wenden (siehe Seite 55) und
die Nahtzugaben an der Wendeöffnung nach innen einschlagen. Dann ringsum entlang der
Kanten füßchenbreit Zickzackstiche nähen und dabei die Öffnung schließen.
Am oberen Rand im Abstand von
1,5 cm und parallel zur Kante
drei Knopflöcher nähen (siehe
Seite 50). Dann den Rand 5 cm
breit nach vorne umlegen. Die
Positionen für die Knöpfe markieren und diese mit einem Steg
annähen (siehe Seite 51).

An den Rechtecken und Qua-
draten für die Taschen jeweils
die obere Schnittkante 3 cm
breit nach links umlegen und
feststeppen. Die Taschen probeweise auf dem Rückenteil
anordnen. Dann die gewünschten Positionen durch Aufzeichnen der seitlichen und unteren
Konturen markieren.
Für die seitlichen Taschenkanten
vom Schrägband 4 Streifen
von 12 cm und 4 Streifen von
15 cm abschneiden. Die Streifen
aufklappen, jeweils die obere
Schmalseite 3 cm breit nach
innen umlegen und festnähen.
Einen Streifen 1 cm breit unter
den Seitenrand einer Tasche
legen, so dass die seitliche
Schnittkante am Bügelfalz anstößt, die rechten Seiten liegen
oben. Die Schnittkante feststecken
und knappkantig auf das
Schrägband steppen. Die äußeren Falzkanten der Schrägstreifen nach innen einklappen.
Die Taschen auf das Rückenteil legen, so dass jeweils beide
Bruchkanten der Schrägstreifen
an den markierten Linien anstoß-
ßen (siehe Bild links). Zuerst
die Schrägbänder an den seitlichen Kanten, danach die unteren Kanten jeweils mit Zickzackstich aufnähen. Das Utensilo am Kleiderbügel befestigen.

Bunte Herzanhänger

Größe

je ca. 12 cm x 11,5 cm

Material pro Herz

- **Baumwollstoff in Mint oder Rosa mit kleinem Muster, Rest**
- **Knopf, ø 15-20 mm**
- **Kordel, Stickgarn oder schmales Band als Aufhänger**
- **Füllwatte oder getrocknete Blüten**
- **farblich passendes Nähgarn**
- **evtl. Zackenlitze oder Spitzenband, 8 mm breit, ca. 35 cm lang**

Schnittmuster auf Bogen A

Tipp

Nähen Sie zuerst ein Herz ohne Kantenverzierung, das gelingt schnell und einfach. Für einen hübschen Effekt können zwei verschiedene Stoffe für Vorder- und Rückseite verwendet werden. Nähen Sie gleich mehrere Herzen und kombinieren Sie gemusterte Stoffe nach Lust und Laune – die Wirkung ist immer wieder anders. Mit ein klein wenig Übung gelingt Ihnen dann auch das etwas kompliziertere Verarbeiten der Zackenlitze oder des Spitzenbandes.

Zuschnitt

Das Schnittmuster für das Herz vom Bogen auf Papier abpausen und ausschneiden. Für Herzen in unterschiedlichen Größen die Vorlage mit dem Kopierer vergrößern oder verkleinern. Den Baumwollstoff doppelt legen und das Schnittteil feststecken. Zwei Herzen für Vorder- und Rückseite mit 1 cm Nahtzugabe zusätzlich zuschneiden.

Anleitung

Die Stoffteile zusammennähen und verstürzen (siehe Seite 55). Die Nahtzugaben dann insgesamt auf 7 mm zurückschneiden, an der Spitze schräg abschneiden, an den Außenrundungen einkerben und zwischen den Herzbögen einschneiden (siehe Seite 38). Eventuell zuletzt einen Knopf von Hand flach ohne Steg aufnähen (siehe Seite 51).

Größe
je 3,5 cm breit

Material
pro Serviettenring
• verschiedene Baumwoll-
  stoffe in Mint und Rosa
  mit kleinen Mustern, Reste
• Vlieseline Volumenvlies
  H 630, ca. 22 cm x 6 cm
• beziehbarer Knopf,
  ø 19 mm
• Handnähnadel
• Wendenadel
• farblich passendes Nähgarn

Schnittmuster
auf Bogen A

Serviettenringe

Zuschnitt

Das Schnittmuster für den Serviettenring vom Bogen auf Papier abpausen und ausschneiden. Einen Stoffrest rechts auf rechts doppelt legen und das Schnittteil feststecken. Pro Serviettenring zwei Streifen für Vorder- und Rückseite zuschneiden. Außerdem einen Streifen in gleicher Größe aus Vlieseline ausschneiden, an der Schmalseite jedoch nur bis zur gepunkteten Linie. 7 mm Nahtzugabe ringsum sind bereits enthalten.

Anleitung

Den Vlieselinezuschnitt auf die linke Seite eines der beiden Stoffstreifen bügeln. Den Serviettenring als Stoffstreifen nähen und wenden (siehe Seite 52). Dann die Nahtzugaben an der Öffnung nach innen umlegen und bügeln. Den Streifen ringsum schmalkantig absteppen und dabei die Öffnung schließen. Danach den Streifen zum Ring legen, so dass die Schmalseiten überlappen und die Spitze oben liegt. Einen Knopf mit dem passenden Stoff beziehen (siehe Seite 18) und ihn an der markierten Stelle durch alle Stofflagen hindurch von Hand annähen. Wer möchte, kann quer zur Spitze ein Knopfloch nähen (siehe Seite 50). So lässt sich der Serviettenring auf- und zu knöpfen.

Kinderschürze

Größe

ca. 48 cm x 60 cm

Material

- beschichtete oder normale Baumwollstoffe in Blau-Weiß mit Punkten, ca. 50 cm x 62 cm und Rot-Weiß kariert, ca. 22 cm x 17 cm
- kariertes Schrägband, gefalzt 2 cm breit, ca. 2 m lang
- Dekoband, 10-12 mm breit, 20 cm für die Tasche und ca. 1,25 m für die Schürzen-bänder
- 2 Knöpfe, ø 15 mm
- farblich passendes Nähgarn

Schnittmuster auf Bogen B

Zuschnitt

Die Schnittmuster für Schürze (a) und Tasche (b) vom Bogen auf Papier abpausen und ausschneiden. Falls nötig die Vorlagen mit dem Kopierer vergrößern oder verkleinern. Zum Zuschneiden für die Schürze den gepunkteten Stoff doppelt mit einem Stoffbruch und für die Tasche den karierten Stoff einfach legen und die Schnittteile jeweils auf der Rückseite feststecken (siehe ab Seite 28). Der Taschenschnitt kann auch diagonal zum Karomuster aufgelegt werden, dann liegt der Fadenlauf im 45°-Winkel zur Webkante. Bei der Tasche sind an der Rundung 1 cm und oben 1,5 cm Zugabe bereits enthalten. Die Schürze benötigt keine Zugabe, da sie mit Schrägband eingefasst wird.

Anleitung

Für die Bindebänder zweimal ca. 40 cm und für das Nackenband einmal ca. 45 cm vom Dekoband abschneiden. Das Schrägband um die Schnittkante der Schürze legen und feststecken, dabei das Bandende 5 mm breit einschlagen und überlappend auf den Anfang legen. Auf der Schürzenrückseite an den mit x markierten Stellen die Bandenden unter das Schrägband schieben und zum Schürzenrand hin umlegen. Das Schrägband festheften und von der rechten Seite schmalkantig absteppen, dabei die Bindebänder und das Nackenband mitfassen (siehe Seite 41 „Eingefasster Saum"). An den Enden der Bindebänder jeweils einen Knoten schlingen.

Die obere Schnittkante der Tasche 1,5 cm breit nach links umlegen und feststeppen. Wird sie aus beschichtetem Baumwollstoff angefertigt, brauchen die Schnittkanten nicht versäubert werden. Ein Stück Dekoband auf der rechten Stoffseite über die Naht feststecken und an beiden Längsseiten knappkantig aufsteppen.
Nun die Tasche wie eine abgerundete Tasche weiterverarbeiten (siehe Seite 57). Die fertige Tasche an der markierten Stelle auf die rechte Schürzenseite stecken und schmalkantig absteppen. Am oberen Schürzenrand die Knöpfe annähen.

Tipp

Für eine Küchenschürze sind speziell beschichtete Baumwollstoffe besonders praktisch, da sie abwaschbar sind. Zudem ersparen sie Ihnen den Arbeitsgang des Versäuberns, weil die Schnittkanten nicht ausfransen. Aufgrund ihrer Beschichtung dürfen diese Stoffe aber ausschließlich von links gebügelt werden!

Beutel mit Tunnelzug

Größe

ca. 22 cm x 27 cm

Material

- Baumwollstoff in Grün mit Punkten und Rosen, 55 cm x 40 cm
- kariertes Schrägband oder Dekoband, 2 cm breit, ca. 50 cm lang
- Pomponborte in Rot, ca. 25 cm lang
- 2 Kordeln in Rot, je 60 cm lang
- Sicherheits- oder Gummidurchziehnadel
- farblich passendes Nähgarn

Schnittmuster
auf Bogen A

Tipp

Ganz fix können Sie einen Tunnelzug wie folgt arbeiten: Zwei gleichfarbige Bänder auf Vorder- und Rückseite eines Beutels nähen, dabei die Enden einschlagen. Dann jeweils obere und untere Längskante aufsteppen und Kordeln einziehen.

Zuschnitt

Das Schnittmuster für den Beutel vom Bogen auf Papier abpausen und ausschneiden. Den Baumwollstoff doppelt legen und das Schnittteil feststecken. Zwei Teile für Vorder- und Rückseite zuschneiden. An den seitlichen und unteren Kanten sind 7 mm Nahtzugaben bereits enthalten, am oberen Rand 7 cm Saumzugabe.

Anleitung

Zuerst von der Oberkante beider Beutelteile aus wie in Schritt 1 beschrieben (siehe Seite 56) je eine Linie im Abstand von 2 cm und 13 cm sowie kurze Striche im Abstand von 11,5 cm mit Trickmarker einzeichnen.
Nun für die Randverzierung auf die rechten Stoffseiten jeweils ein kariertes Band im Abstand von 6 cm zur oberen Schnittkante aufnähen. Die Schnittkanten versäubern.

Vorder- und Rückseite rechts auf rechts aufeinander legen. Die seitlichen und unteren Kanten mit Stecknadeln feststecken, dabei unten die gerade Kante der Pomponborte bündig zwischen die Schnittkanten legen und mitfassen (Pompons liegen innen zwischen den rechten Stoffseiten). Die Stofflagen dicht neben der Nahtlinie heften. Nun die gesteckten Kanten füßchenbreit zusammennähen, dabei die spätere Tunnelöffnung zwischen der Linie bei 13 cm und den kurzen Strichen offen lassen. An der unteren Kante die Nadel in die linke Position bringen, so lässt sich die Borte besser übernähen.

Die Nahtzugaben an den Ecken schräg abschneiden. Dann den Tunnelzug arbeiten wie in Schritt 2 beschrieben: Dafür die obere Schnittkante zuerst 1 cm, dann 6 cm breit nach links umbügeln, so dass sie jeweils an der markierten Linie anstößt, und knappkantig feststeppen. Für den Tunnel eine Parallelnaht im Abstand von 1,5 cm nach oben versetzt steppen.
Zuletzt den Beutel wenden. Mit einer Sicherheits- oder Gummidurchziehnadel von jeder Seite eine Kordel ringsum einziehen. Die Enden zusammenknoten.

Kleine Laternen

Zuschnitt

Das Schnittmuster für die Laterne (a) und den Boden (b) vom Bogen auf Papier abpausen und ausschneiden. Den Stoff einfach legen und die Schnittteile auf der linken Seite feststecken. Je einmal das Laternenteil und das Bodenteil ausschneiden. An den seitlichen und unteren Kanten sind 7 mm Nahtzugabe bereits enthalten, am oberen Rand 1,4 cm für den Saum. Aus Vlieseline das Laternenteil einmal zuschneiden, an der unteren Seite und an einer Schmalseite jedoch nur bis zur eingezeichneten gestrichelten Linie.

Anleitung

Den Vlieselinezuschnitt an zwei Kanten bündig auf die linke Stoffseite des Laternenteils legen und bei mittlerer Temperatur trocken aufbügeln. An jeder Stelle das Bügeleisen ca. 8 Sekunden aufdrücken.

Nun die Schmalseiten rechts auf rechts aufeinander legen, feststecken und füßchenbreit zusammennähen. Die Nahtzugaben zusammen und dicht neben der Naht mit dem Zickzackstich versäubern. Die überstehenden Ränder zurückschneiden. Dann das Stoffteil auf ein Ärmelbrett schieben und die Nahtzugaben so zur Seite bügeln, dass die mit Vlieseline verstärkte Zugabe oben liegt. Entlang der unteren Schnittkante die Nahtzugabe im Abstand von ca. 1,5 cm mit 3 mm tiefen Einschnitten versehen, da sich die Rundung beim Stecken so besser dem Boden anpasst. Dann den Boden rechts auf rechts unter das Laternenteil stecken. Dabei die beiden Stoffteile zuerst an den markierten kleinen Querstrichen fixieren und danach dicht neben der Vlieskante füßchenbreit zusammennähen. An den bereits eingeschnittenen Stellen die Nahtzugaben nun einkerben (siehe Seite 38).

Am oberen Laternenrand einen Doppelsaum arbeiten. Dafür die Schnittkante erst 7 mm breit nach links umbügeln und im Abstand von ca. 1,5 cm mit 4-5 mm langen Einschnitten versehen, damit sie sich besser dehnen lässt. Dann die Kante noch einmal 7 mm breit umbügeln und heften. Die Laterne wenden und die Bodennaht ausformen.

Nun die Klöppelspitze bündig zur Oberkante links auf rechts um die Laternenöffnung legen, jedoch auf der Innenseite feststecken, da sie sich so einfacher aufnähen lässt. Das Ende 5 mm breit nach innen einschlagen, dann die Spitze von der Innenseite aus festnähen. Die Schnittkanten der Spitze mit Textilkleber bestreichen, um Ausfransen zu vermeiden.

Zuletzt den Bierfilz oder die Pappe als Bodenverstärkung einlegen. Für den Henkel an zwei gegenüberliegenden Seiten mit der Sticknadel jeweils ein Loch unterhalb des Saumes vorstechen. Die Enden des Blumendrahts je 2,5 cm umbiegen, von außen durch die Löcher nach innen führen und zum Befestigen um den Henkel wickeln. Das Teelicht zur Sicherheit in einem kleinen Glas einstellen und nicht unbeaufsichtigt brennen lassen.

Größe

ø 8-11 cm, Höhe 10 cm
(ohne Henkel)

Material pro Laterne

- Baumwollstoff in Mint-Rosa mit Ovalen oder Halbleinenstoff in Weiß mit roten Pünktchen, 50 cm x 20 cm
- Vlieseline Bügeleinlage H 250, 36 cm x 18 cm
- Klöppelspitze in Weiß, 20 mm breit, ca. 30 cm lang
- farblich passendes Nähgarn
- Bierfilz oder runde, stabile Pappe, ø 10,7 cm
- Textilkleber
- dicke Stick- oder Nähnadel
- brauner Blumendraht, 30 cm lang

Schnittmuster auf Bogen B

Handtasche

Größe
43 cm x 32 cm (ohne Griffe)

Material
- **Baumwollstoffe in Hellblau mit Ornamenten (Stoff A), ca. 100 cm x 30 cm, Hellgrün (Stoff B) 45 cm x 35 cm, Mint mit weißen Pünktchen (Stoff C), 140 cm x 30 cm und Braun mit Karomuster, Rest**
- **Vlieseline Schabracken- einlage S 320, 90 cm x 20 cm**
- **Vlieseline Volumenvlies H 630, ca. 90 cm x 35 cm**
- **4 beziehbare Knöpfe, ø 15 mm**
- **Wendenadel**
- **Handnähnadel**
- **farblich passendes Nähgarn**

Schnittmuster auf Bogen A

Zuschnitt

Die Schnittmuster für die Außen- und Futterta- sche (a), die Blende (b) und das Griffteil (c) vom Bogen auf Papier abpausen und ausschneiden. Stoffe A, B, C und Vlieseline jeweils doppelt mit einem Bruch legen. Die Schnittteile auf den lin- ken Stoffseiten feststecken und folgende Teile aufzeichnen: Auf Stoff A zweimal die Außentasche (a), auf Stoff B zweimal die Blende (b), auf Stoff C zweimal die Futtertasche (a) und achtmal das Griffteil (c). Die Teile zuschneiden. Bei Tasche und Blende sind ringsum 1 cm, beim Griffteil 7 mm Nahtzugaben bereits enthalten.

Aus Volumenvlies zweimal die Tasche (a) in voller Größe sowie viermal das Griffteil (c), an der gera- den Schmalseite jedoch nur bis zur eingezeichne- ten Punktlinie zuschneiden. Aus der Schabracken- einlage zweimal die Blende (b) zuschneiden, an der unteren Längsseite und den Schmalseiten je- doch nur bis zur Punktlinie.

Anleitung

Zuerst die Volumenvlieszuschnitte auf die Rück- seiten der Außentaschenteile legen und bei mitt- lerer Temperatur und mit Dampf aufbügeln. An jeder Stelle das Bügeleisen ca. 15 Sekunden auf- drücken.

An Vorder- und Rückteil der Außentasche die oberen Längsseiten auf 31 cm einkräuseln (siehe Seite 48) und den Vorgang bei den Teilen der Fut- tertasche wiederholen.

Nun die beiden Teile der Außentasche rechts auf rechts aufeinander legen, an den Seiten und der unteren Kante mit Stecknadeln feststecken und mit 1 cm Zugabe zusammennähen. Mit der Futter- tasche ebenso verfahren, dabei aber am unteren Rand mittig eine Wendeöffnung von ca. 10 cm nicht schließen. Die Nahtzugaben an den Run- dungen einkerben.

Die Schabrackenzuschnitte jeweils auf die Rück- seite der Blendenteile legen und wie das Volu- menvlies aufbügeln. Dann die Blendenteile rechts auf rechts aufeinander legen, an den kurzen Sei- ten feststecken und mit 1 cm Zugabe zusammen- nähen. Die Nahtzugaben am Bruch einkerben und bügeln. Die Blende längs zur Hälfte legen und die Bruchlinie einbügeln.

Nun eine offene Kante der Blende rechts auf rechts bündig um den oberen Rand der Außen- tasche legen, feststecken und mit 1 cm Zugabe annähen. Die andere Kante auf die gleiche Weise an die Futtertasche nähen. Die Tasche durch die Öffnung im Futter wenden, dann die Öffnung von Hand mit Staffierstichen schließen (siehe Seite 45). Falls gewünscht, kann die Blende am unteren Rand entlang schmalkantig abgesteppt werden. Die Vlieselinezuschnitte auf die Griffteile bügeln. Anschließend die Griffteile zusammennähen und wenden (siehe Seite 52). Dann jeweils die Naht- zugaben an der Öffnung nach innen umlegen und bügeln. Je zwei Griffteile mit den Öffnungen anei- nander legen und mit Staffierstichen zusammen- nähen. Dabei darauf achten, dass die wattierten Flächen auf der gleichen Seite liegen. Beide Griffe ringsum schmalkantig absteppen. Die Griffenden wie auf dem Foto zu sehen, auf die Blende legen und an den Kanten mit Handstichen unsichtbar festnähen. Die Knöpfe mit dem braun-karierten Stoff beziehen (siehe Seite 18) und von Hand annähen.

Größe
40 cm x 30 cm

Material

• Baumwollstoffe in
  Grau-Weiß gemustert:
  mit Blumen, ca. 35 cm x
  58 cm; mit Ornamenten,
  ca. 35 cm x 24 cm und
  mit Punkten, ca. 35 cm x
  16 cm

• Zackenlitze in Braun,
  8 mm breit, ca. 70 cm lang

• Samtband in Creme,
  3 mm breit, ca. 70 cm lang

• Reißverschluss mit
  Kunststoffspirale in Weiß,
  30 cm lang

• Kissenfüllung, 40 cm x 30 cm

• farblich passendes Nähgarn

Gestreiftes Kissen

Zuschnitt

Die Baumwollstoffe doppelt
legen und für die Kissenvorder-
und Rückseite je zwei Streifen
in folgenden Größen ausschneiden: 11 cm x 33 cm aus dem
Ornamentstoff, 7 cm x 33 cm
aus dem Punktestoff und 28 cm
x 33 cm aus dem Blumenstoff.
Enthalten sind 1 cm Nahtzugabe
an den seitlichen und oberen
Schnittkanten und 2 cm an den
unteren Schnittkanten.

Anleitung

Für jede Kissenseite je drei
Stoffstreifen laut Foto aneinander nähen. Dafür je zwei Streifen an den Längskanten rechts
auf rechts aufeinander stecken
und mit 1 cm Nahtzugabe zusammensteppen. Die Nahtzugaben auseinander bügeln und
versäubern. Auf der rechten
Stoffseite jeweils ein Samtband
bzw. eine Zackenlitze auf die
Naht stecken, heften und festnähen. Vorder- und Rückseite
rechts auf rechts aufeinander
legen. An der unteren Längs-

seite beidseitig mit 1 cm Abstand zur Schnittkante die Naht
5 cm schließen, so dass mittig
30 cm als Schlitz für den Reißverschluss offen bleiben.
Den Reißverschluss einnähen
(siehe Seite 58). Dann den Verschluss öffnen und die übrigen
drei Seiten schließen. Die Nahtzugaben an den Ecken schräg
abschneiden und die Schnittkanten versäubern. Die Kissen-
hülle wenden, bügeln und die
Füllung einstecken.

Die Autorin

Karin Roser entwirft und fertigt als freischaffende Redakteurin, Designerin und Autorin Modelle für zahlreiche Kreativ-, Wohn- und Gartenzeitschriften renommierter Verlage. Ein besonderes Faible hat sie für ausgediente Gegenstände und Flohmarktfunde, die sie mit viel Phantasie und Liebe zum Detail aufarbeitet, verändert und auch gern einmal zweckentfremdet. Dabei ist kein Material vor ihr sicher!

Hilfestellung zu allen Fragen, die Materialien und Kreativbücher betreffen: Frau Erika Noll berät Sie. Rufen Sie an: 05052/911858*

*normale Telefongebühren

IMPRESSUM

Wir danken den Firmen Coats (Kenzingen), Freudenberg Vliesstoffe (Weinheim), Knorr Prandell (Lichtenfels), Madeira Garne (Freiburg), Prym (Stolberg), Rayher Hobby (Laupheim), VSM Deutschland (Karlsruhe) und Westfalenstoffe (Münster)

Vielen Dank an Patricia Morgenthaler für ihren engagierten Einsatz vor der Kamera.

Genehmigte Lizenzausgabe für Verlagsgruppe Weltbild GmbH, Steinerne Furt, 86167 Augsburg
Copyright der Originalausgabe © 2010 frechverlag GmbH, 70499 Stuttgart
Fotos: frechverlag GmbH, 70499 Stuttgart; lichtpunkt, Michael Ruder, Stuttgart; Andreas Springer (S. 80)
DVD: Klenk Film, Stuttgart
Gestaltung: Petra Theilfarth
Umschlaggestaltung: Atelier Lehmacher, Friedberg (Bay.)
Umschlagmotive: Georg Lehmacher (vorne); frechverlag GmbH, Stuttgart (hinten)
Gesamtherstellung: Neografia, a.s. printing house, Martin
Printed in the EU
ISBN 978-3-8289-2712-4

2016 2015 2014
Die letzte Jahreszahl gibt die aktuelle Lizenzausgabe an.
Alle Rechte vorbehalten.
Einkaufen im Internet: *www.weltbild.de*